MOBBING DEVASTANTE

Combattere l'abuso sul lavoro e ricostruire la propria vita

Jolanda Lori

Questo libro è dedicato a tutti coloro che hanno vissuto l'amarezza e l'oppressione del mobbing sul posto di lavoro. A voi, che avete conosciuto l'angoscia delle umiliazioni, delle minacce e dell'isolamento, voglio dedicare queste parole di supporto e speranza.

Ai coraggiosi che si sono alzati ogni mattina, nonostante la paura nel cuore, pronti a affrontare un'altra giornata nel labirinto insidioso del mobbing, questa dedica è per voi. La vostra forza e determinazione sono testimonianza della vostra resilienza interiore, e vi incoraggio a continuare a lottare per la vostra dignità e il vostro benessere.

Ai testimoni silenziosi che hanno assistito al tormento di colleghi e amici senza poter intervenire, spero che queste pagine vi ispirino a parlare e ad agire. Voi avete il potere di fare la differenza, di alzare la voce e di creare un ambiente di lavoro solidale e rispettoso.

Ai datori di lavoro che hanno deciso di combattere il mobbing e di creare un clima di lavoro sano e inclusivo, vi ringrazio per il vostro impegno nel promuovere un cambiamento positivo. Spero che questo libro vi offra strumenti e conoscenze utili per creare politiche e procedure aziendali che proteggano i vostri dipendenti e promuovano una cultura del rispetto.

A tutte le persone coinvolte nel percorso di guarigione dopo il mobbing, voglio dedicare una luce di speranza. Siate gentili con voi stessi, permettetevi di guarire e di ricostruire la vostra vita con amore e compassione. Che queste pagine vi accompagnino nel vostro cammino verso il recupero e la rinascita.

Infine, a tutti coloro che hanno sostenuto e supportato le vittime di mobbing, che hanno ascoltato, compreso e offerto una mano amica, vi ringrazio di cuore. Senza il vostro amore, il vostro sostegno e la vostra fiducia, la lotta contro il mobbing sarebbe ancora più difficile.

Che questo libro sia una fonte di ispirazione, di conoscenza e di forza per tutti coloro che si trovano coinvolti nel mondo del mobbing. Che possiate trovare risposte, soluzioni e un rinnovato senso di fiducia in voi stessi. Insieme, possiamo lavorare per un futuro in cui il mobbing sia solo un ricordo lontano.

Con affetto,

Jolanda Lori

Nessuno merita di essere degradato, umiliato o oppresso sul posto di lavoro. È solo quando uniamo le nostre voci e ci alziamo contro il mobbing che possiamo creare un ambiente di lavoro in cui la dignità e il rispetto sono i pilastri fondamentali. Sii la voce del cambiamento e ricorda che la tua luce interiore è più forte di qualsiasi ombra che cerchi di spegnerla.

JOLANDA LORI

SOMMARIO

INTRODUZIONE

Benvenuti nella pagina iniziale di "Mobbing Devastante: Combattere l'abuso sul lavoro e ricostruire la propria vita". Sono lieto che abbiate scelto di dedicare del tempo a esplorare questo importante argomento con me. Il mobbing è un problema diffuso che affligge molte persone in tutto il mondo, ma spesso rimane un argomento trascurato o sottovalutato. Con questo libro, mi propongo di gettare luce sul mobbing, offrendo una prospettiva completa e una guida pratica per coloro che sono stati colpiti da questa forma di abuso sul posto di lavoro.

Il mobbing è un fenomeno complesso e distruttivo, caratterizzato da comportamenti aggressivi, ripetitivi e intenzionali volti a danneggiare la vittima sia fisicamente che psicologicamente. Può manifestarsi in varie forme, tra cui l'isolamento sociale, l'aggressione verbale, il sabotaggio dei risultati lavorativi e la diffamazione. Le vittime di mobbing si trovano spesso intrappolate in un ambiente ostile e tossico, con conseguenze devastanti sulla loro salute fisica, mentale ed emotiva.

In questo libro, esploreremo in dettaglio i diversi aspetti del mobbing, fornendo una panoramica completa di ciò che è, come riconoscerlo e come affrontarlo. Partiremo con una definizione del mobbing e delle sue manifestazioni, analizzando i segnali premonitori e le tipologie di abuso che possono insorgere sul posto di lavoro. Esploreremo in profondità la psicologia del mobbing, cercando di capire i motivi che spingono i molestatori, gli effetti sulle vittime e il ruolo dei testimoni che assistono a tali comportamenti.

Affronteremo anche l'impatto devastante che il mobbing ha sulle vittime, sia sul piano personale che professionale. Esploreremo le conseguenze sulla salute fisica e mentale, così come sulle relazioni interpersonali e sulla carriera lavorativa delle vittime. Non ci limiteremo a descrivere i danni causati dal mobbing, ma offriremo anche strategie e suggerimenti pratici per affrontare il trauma e promuovere la ripresa e il recupero.

Inoltre, esamineremo il ruolo delle organizzazioni nel mobbing, sia come promotori attivi che come osservatori passivi. Discuteremo le politiche e le procedure che le organizzazioni possono adottare per prevenire il mobbing e creare un ambiente di lavoro sano e rispettoso. Esploreremo il ruolo delle risorse umane nella gestione del mobbing e il potenziale impatto positivo che i colleghi possono avere nel contrastare l'abuso.

Ma non ci fermeremo solo all'aspetto individuale del mobbing. Esploreremo anche le implicazioni legali, i diritti dei lavoratori e le possibili azioni legali che possono essere intraprese per contrastare il mobbing. Promuoveremo la consapevolezza pubblica su questo problema, affrontando l'importanza di creare una cultura del rispetto e dell'uguaglianza sul luogo di lavoro.

Infine, concluderemo il libro esplorando le prospettive future per contrastare il mobbing. Rifletteremo su iniziative, programmi e cambiamenti che possono portare a un ambiente di lavoro più sano, inclusivo e rispettoso. Invito tutti i lettori a prendere parte a questa importante lotta, perché solo insieme possiamo fare la differenza.

Vi invito a immergervi nelle pagine di "Mobbing Devastante: Combattere l'abuso sul lavoro e ricostruire la propria vita" e ad affrontare questo problema con occhi aperti, cuore compassionevole e la determinazione di porre fine al mobbing. Siate pronti a esplorare, imparare e, soprattutto, ad agire. Il cambiamento parte da noi stessi, e il primo passo verso una realtà senza mobbing inizia con la comprensione e la volontà di fare la differenza.

Buona lettura!

Jolanda Lori

PREFAZIONE

Quando si parla di mobbing, entriamo in un territorio oscuro e complesso, fatto di violenza psicologica e sopraffazione sul posto di lavoro. È un tema che tocca il cuore delle relazioni umane, mettendo in luce l'oscurità della natura umana e la fragilità del sistema lavorativo.

Ho scelto di scrivere questo libro, "Mobbing Devastante: Combattere l'abuso sul lavoro e ricostruire la propria vita", per offrire una guida completa e approfondita su questo fenomeno insidioso. Attraverso queste pagine, spero di offrire una fonte di informazioni, supporto ed empowerment a coloro che hanno vissuto o stanno vivendo il terrore del mobbing.

Il mobbing è un problema sociale che non conosce confini, che affligge individui in tutto il mondo, indipendentemente dalla loro età, genere o posizione lavorativa. Può manifestarsi in sottili gesti di ostracismo o in azioni esplicite di umiliazione e sabotaggio. È un attacco diretto all'integrità e alla dignità delle persone, lasciando cicatrici profonde e durature.

Attraverso la mia esperienza personale e la mia passione per la giustizia sociale, ho intrapreso un viaggio di ricerca e di studio approfondito su questo tema complesso. Ho ascoltato le storie delle vittime di mobbing, ho esplorato le dinamiche psicologiche che alimentano l'abuso e ho analizzato le strategie di prevenzione e di intervento.

Questo libro è il risultato di anni di impegno e dedizione, e lo offro come una guida che va oltre la semplice identificazione e riconoscimento del mobbing. Desidero fornire agli individui che sono coinvolti in questa situazione un'armatura di conoscenze, risorse e strumenti pratici per affrontare il mobbing e ricostruire la propria vita.

Oltre a esplorare le diverse forme di mobbing e le sue conseguenze devastanti, ho cercato di dare voce anche alle persone che assistono passivamente a queste dinamiche, invitandole a diventare alleati e ad agire per contrastare l'abuso. Ho affrontato anche il ruolo delle organizzazioni, delle risorse umane e degli esperti nel creare un ambiente di lavoro sicuro e sano.

Attraverso queste pagine, spero di innescare una riflessione collettiva sulla cultura del lavoro e sulla necessità di creare ambienti in cui la dignità e il rispetto siano valori fondamentali. Spero che questo libro sia una fonte di ispirazione per coloro che sono stati toccati dal mobbing, incoraggiandoli a cercare aiuto, a resistere e a recuperare la propria fiducia in se stessi.

Ringrazio tutti coloro che hanno contribuito a questo progetto, dalle vittime di mobbing che hanno condiviso le loro esperienze, agli esperti che hanno fornito il loro prezioso contributo. Spero che le parole scritte in queste pagine possano portare una luce di speranza, un senso di giustizia e un sostegno tangibile per tutti coloro che lottano contro il mobbing.

Infine, desidero dedicare questo libro a tutte le vittime di mobbing, che hanno sofferto in silenzio, ma che continuano a lottare per la loro dignità e per un futuro in cui il mobbing sia solo un ricordo doloroso. Che questo libro sia uno strumento per diffondere la consapevolezza, per promuovere il cambiamento e per gettare le basi di un mondo lavorativo più umano, equo e rispettoso.

Jolanda Lori

PROLOGO

È una giornata di sole, e il caffè caldo crea una leggera nebbia nel piccolo caffè in cui mi siedo. Guardo fuori dalla finestra e osservo le persone che affollano le strade, ognuna con la propria storia, le proprie speranze e i propri sogni. Ma c'è una cosa che accomuna molte di queste persone, una cosa che spesso rimane nascosta dietro sorrisi forzati e sguardi tristi: il mobbing.

Il mobbing è come un'ombra oscura che si insinua silenziosamente nelle vite di tante persone, causando dolore, sofferenza e danni profondi. Ho sentito storie di uomini e donne che si svegliano ogni mattina con il cuore pesante, la paura che si annida nel petto e l'incertezza che li accompagna ogni giorno al lavoro. Ho ascoltato racconti di umiliazioni, insulti e isolamento sociale, che distruggono l'autostima e minano la fiducia in se stessi.

Mi sono resa conto che il mobbing non è solo una questione individuale, ma un problema sociale diffuso che richiede un'attenzione urgente e una risposta collettiva. Ho deciso di dedicare tempo ed energie a studiare, analizzare e comprendere a fondo questa forma di abuso sul posto di lavoro, perché credo fermamente che solo conoscendo il nemico possiamo sconfiggerlo.

Questo libro, "Mobbing Devastante: Combattere l'abuso sul lavoro e ricostruire la propria vita", è il risultato di anni di ricerca, esperienze personali e la volontà di dare voce a tutte le vittime di mobbing che spesso rimangono silenziose, invisibili. Attraverso queste pagine, cercherò di gettare luce su un argomento complesso e doloroso, offrendo un'analisi approfondita delle dinamiche del mobbing, dei segnali premonitori e delle conseguenze devastanti che può avere sulla vita di chi ne è vittima.

Ma non mi limiterò a descrivere il problema. Questo libro offre anche strumenti pratici, consigli e strategie per affrontare il mobbing e per ricostruire la propria vita dopo l'abuso. Attraverso capitoli dedicati alla prevenzione, all'intervento dei colleghi, alla gestione dei conflitti e alla documentazione degli eventi, offro una guida completa per aiutare le vittime a proteggersi, a ottenere supporto e a trovare la forza interiore per riprendersi.

Il mio obiettivo è che questo libro sia una risorsa preziosa per coloro che si trovano a vivere l'incubo del mobbing. Voglio che le vittime trovino conforto nelle pagine di questo libro, che si sentano comprese e che trovino la forza di lottare per la propria dignità e per un futuro in cui il mobbing sia solo un ricordo doloroso.

Spero anche che questo libro sia uno strumento di sensibilizzazione per coloro che non hanno mai sperimentato il mobbing, perché solo attraverso la conoscenza e la comprensione possiamo creare un cambiamento reale. Invito i lettori a essere aperti, ad ascoltare le storie raccontate in queste pagine e ad impegnarsi attivamente per promuovere un ambiente di lavoro sano, rispettoso e privo di abusi.

Ricordate, il mobbing non è solo un problema delle vittime, ma un problema che riguarda tutti noi. La lotta contro il mobbing richiede il coinvolgimento di ognuno di noi, affinché nessuno debba mai più vivere nella paura e nell'umiliazione sul proprio posto di lavoro.

Sono convinta che insieme possiamo creare un futuro in cui il mobbing sia solo un capitolo triste della storia, superato dalla forza dell'empatia, del rispetto e della solidarietà. Spero che queste pagine siano un piccolo contributo in questa grande battaglia, un passo verso un mondo in cui ogni individuo possa lavorare in un ambiente sicuro, sano e gratificante.

Buona lettura!

Jolanda Lori

CAPITOLO 1: INTRODUZIONE AL MOBBING

Questo capitolo fornirà una panoramica del fenomeno del mobbing, definendo il termine, illustrando le sue manifestazioni e offrendo una prospettiva generale sui danni che può causare.

Il mobbing è un fenomeno complesso e dannoso che colpisce numerosi individui sul luogo di lavoro. In questo capitolo introduttivo, esploreremo il mobbing in tutte le sue sfaccettature, definendo il termine, analizzando le sue manifestazioni e offrendo una prospettiva generale sui danni che può causare sia sul piano individuale che organizzativo.

1.1 Definizione del Mobbing

Il mobbing può essere definito come una forma di violenza psicologica o emotiva che si verifica in un contesto lavorativo. Si manifesta attraverso comportamenti ostili, ripetuti e intenzionali diretti verso un individuo specifico, al fine di danneggiarlo psicologicamente, isolandolo e umiliandolo. Il mobbing si distingue dalle semplici conflittualità o dispute occasionali, poiché coinvolge un'azione sistematica e protratta nel tempo.

1.2 Manifestazioni del Mobbing

Le manifestazioni del mobbing possono variare, ma spesso includono una combinazione di azioni dirette o indirette che creano un ambiente di lavoro ostile e dannoso. Ecco alcune delle manifestazioni più comuni del mobbing:

1.2.1 Aggressione verbale: insultare, denigrare o umiliare la vittima attraverso commenti offensivi, derisioni o atteggiamenti dispregiativi.

1.2.2 Isolamento sociale: escludere deliberatamente la vittima dal team di lavoro, negando l'accesso alle informazioni o alle opportunità di sviluppo professionale, e creando un senso di isolamento.

1.2.3 Sabotaggio dei risultati lavorativi: mettere in atto azioni volte a minare o danneggiare il lavoro della vittima, come nascondere informazioni cruciali, sabotare progetti o attribuire a lei la responsabilità di errori che non ha commesso.

1.2.4 Diffamazione e calunnia: diffondere voci o informazioni false sulla vittima, minando la sua reputazione e creando una percezione negativa nei confronti degli altri colleghi.

1.2.5 Violazione della privacy: invadere la sfera personale della vittima, come leggere le sue e-mail o manipolare le sue comunicazioni private.

1.2.6 Minacce e intimidazioni: fare minacce esplicite o implicite nei confronti della vittima, creando un clima di paura e insicurezza.

1.3 Danni causati dal Mobbing

Il mobbing può avere conseguenze devastanti per le vittime e per l'organizzazione nel suo complesso. I danni possono essere di natura fisica, mentale, emotiva e professionale. Alcuni dei principali effetti negativi del mobbing includono:

1.3.1 Problemi di salute mentale: lo stress cronico causato

dal mobbing può portare a disturbi come ansia, depressione, attacchi di panico e disturbi del sonno.

1.3.2 Riduzione della produttività: le vittime di mobbing spesso sperimentano una diminuzione delle prestazioni lavorative a causa dell'ansia e dello stress, compromettendo il loro potenziale contributo all'organizzazione.

1.3.3 Assenteismo e alta rotazione del personale: il mobbing può portare a un aumento dell'assenteismo e dell'abbandono del lavoro da parte delle vittime, con conseguenti costi aggiuntivi per l'organizzazione.

1.3.4 Declino della soddisfazione sul lavoro: il mobbing crea un ambiente di lavoro tossico e negativo, che influisce sulla soddisfazione dei dipendenti e sulla loro motivazione a svolgere le attività lavorative.

1.3.5 Impatto sulla reputazione dell'organizzazione: se il mobbing non viene affrontato adeguatamente, può danneggiare la reputazione dell'organizzazione, sia all'interno che all'esterno, influenzando la sua capacità di attrarre e trattenere talenti.

1.4 Risultati di Ricerca e Statistiche

Diversi studi e ricerche hanno analizzato il fenomeno del mobbing e fornito dati significativi sui suoi effetti e sulla sua diffusione. In questo capitolo, verranno presentate alcune statistiche rilevanti per evidenziare l'entità del problema e l'urgenza di affrontarlo.

1.5 Panoramica dei Capitoli Successivi

Dopo aver definito il mobbing, analizzato le sue manifestazioni e compreso i danni che può causare, nei capitoli successivi esploreremo approfonditamente i vari aspetti del mobbing. Discuteremo le strategie di prevenzione, gli interventi necessari per contrastare il mobbing, il ruolo delle organizzazioni e degli individui nel processo di cambiamento, e offriremo consigli pratici per le vittime di mobbing.

In conclusione, la comprensione del mobbing è fondamentale per poter affrontare questo fenomeno diffuso e dannoso. Solo attraverso una consapevolezza diffusa e una risposta efficace sarà possibile creare ambienti di lavoro sani e rispettosi, dove ognuno possa esprimere il proprio potenziale senza paura di essere vittima di abusi psicologici.

CAPITOLO 2: SEGNALI PREMONITORI

Esploreremo i segnali precoci del mobbing, evidenziando i comportamenti e le dinamiche che possono indicare l'inizio di un ambiente di lavoro ostile.

Il mobbing non inizia improvvisamente, ma spesso presenta segnali premonitori che possono indicare l'inizio di un ambiente di lavoro ostile. In questo capitolo, esploreremo i segnali precoci del mobbing, mettendo in luce i comportamenti e le dinamiche che possono indicare la presenza di abusi psicologici sul posto di lavoro. Riconoscere questi segnali è fondamentale per intervenire tempestivamente e prevenire il peggioramento della situazione.

2.1 Cambiamenti nel Comportamento delle Persone Coinvolte

Uno dei primi segnali del mobbing è rappresentato dai cambiamenti nel comportamento delle persone coinvolte, sia da parte della vittima che del molestatore. Ecco alcuni segnali da tenere in considerazione:

2.1.1 Cambiamenti nella vittima:

Diminuzione dell'autostima e della fiducia in sé stessi. Aumento dell'ansia e dello stress.

Cambiamenti nell'umore, come irritabilità, tristezza o apatia. Isolamento sociale e ritiro da attività o relazioni interpersonali.

Diminuzione delle prestazioni lavorative e dell'interesse per il lavoro.

Problemi di salute fisica, come mal di testa, disturbi gastrointestinali o disturbi del sonno.

2.1.2 Cambiamenti nel molestatore:

Aumento di comportamenti aggressivi, sia verbali che non verbali.

Manifestazione di atteggiamenti di superiorità e disprezzo nei confronti della vittima. Controllo eccessivo sul lavoro della vittima.

Riduzione della comunicazione o evitamento della vittima.

Comportamenti manipolatori e intimidatori.

Tendenza a creare alleanze contro la vittima o a influenzare le opinioni degli altri colleghi.

2.2 Dinamiche Relazionali Disfunzionali

Le dinamiche relazionali disfunzionali sono un altro segnale di avvertimento del mobbing. Queste dinamiche possono manifestarsi in vari modi:

2.2.1 Isolamento e esclusione: la vittima viene esclusa dalle attività di gruppo, dai progetti o dalle decisioni che riguardano il suo lavoro. Viene anche evitata socialmente dagli altri colleghi.

2.2.2 Comunicazione inadeguata: la vittima riceve informazioni parziali o incomplete, viene tenuta all'oscuro di decisioni importanti o viene ignorata nelle comunicazioni interne.

2.2.3 Divisione del team: il molestatore crea divisioni tra i membri del team, alimentando conflitti e creando un clima di sfiducia reciproca.

2.2.4 Diffamazione e gossip: voci, pettegolezzi e diffamazione circolano sulla vittima, influenzando negativamente la percezione degli altri nei suoi confronti.

2.2.5 Pressioni eccessive: il molestatore assegna carichi di lavoro sproporzionati o irrealistici alla vittima, con l'obiettivo di farla fallire o farla apparire inadeguata.

2.3 Segnali Organizzativi

I segnali premonitori del mobbing possono anche emergere a livello organizzativo. È importante osservare attentamente l'ambiente lavorativo e notare eventuali segnali di un clima di lavoro malsano, come:

2.3.1 Cultura organizzativa negativa: se l'organizzazione tollerasse comportamenti aggressivi o non intervenisse per contrastare il mobbing, potrebbe esserci una cultura organizzativa che favorisce tali dinamiche.

2.3.2 Scarso supporto da parte della dirigenza: l'assenza di un sostegno attivo e di politiche aziendali chiare per affrontare il mobbing può indicare una mancanza di impegno da parte della dirigenza per creare un ambiente di lavoro sano e rispettoso.

2.3.3 Elevata rotazione del personale: se vi fosse un'alta frequenza di dipendenti che lasciano l'organizzazione, potrebbe essere un segnale che qualcosa non va nel clima di lavoro.

2.3.4 Mancanza di procedure di gestione dei conflitti: se non esistono procedure strutturate per la gestione dei conflitti, le situazioni di mobbing possono rimanere non affrontate e peggiorare nel tempo.

2.3.5 Assenza di formazione sulle dinamiche di mobbing: l'organizzazione non fornisce formazione o sensibilizzazione sui segnali e gli effetti del mobbing, indicando una mancanza di consapevolezza e preparazione per affrontare il problema.

Riconoscere i segnali premonitori del mobbing è essenziale per intervenire in modo tempestivo e prevenire il peggioramento della situazione. Nel prossimo capitolo, esploreremo le strategie di prevenzione del mobbing per creare un ambiente di lavoro sano e rispettoso.

CAPITOLO 3: TIPOLOGIE DI MOBBING

Questo capitolo delinea le diverse forme che il mobbing può assumere, comprese l'aggressione verbale, il sabotaggio dei risultati lavorativi e l'isolamento sociale.

Il mobbing può manifestarsi in diverse forme e modalità, ognuna delle quali causa danni significativi alla vittima. In questo capitolo, esploreremo le diverse tipologie di mobbing, mettendo in luce le caratteristiche specifiche di ciascuna forma e i danni che può provocare. Comprendere queste tipologie è fondamentale per identificare il mobbing e adottare misure appropriate per contrastarlo.

3.1 Aggressione Verbale e Psicologica

Una delle forme più comuni di mobbing è l'aggressione verbale e psicologica. Questo tipo di mobbing coinvolge l'uso ripetuto di parole offensive, umilianti o denigratorie nei confronti della vittima. Alcuni esempi di aggressione verbale includono:

3.1.1 Insulti e minacce dirette: il molestatore utilizza parole offensive, insultanti o umilianti per sminuire e danneggiare la vittima.

3.1.2 Derisione e sarcasmo costante: il molestatore usa il sarcasmo, la beffa o la derisione per umiliare e ridicolizzare la vittima di fronte agli altri colleghi.

3.1.3 Critiche costanti e non costruttive: il molestatore fornisce critiche costanti e non costruttive sul lavoro della vittima, mirando a minare la sua fiducia e autostima.

L'aggressione verbale può causare danni psicologici significativi, tra cui ansia, depressione, bassa autostima e disturbi del sonno.

3.2 Sabotaggio dei Risultati Lavorativi

Un'altra forma di mobbing è il sabotaggio dei risultati lavorativi, in cui il molestatore compie azioni volte a minare o danneggiare il lavoro della vittima. Queste azioni possono includere:

3.2.1 Nascondere informazioni cruciali: il molestatore trattiene intenzionalmente informazioni cruciali alla vittima, impedendole di svolgere efficacemente il proprio lavoro.

3.2.2 Manipolare i risultati: il molestatore modifica i risultati del lavoro della vittima per farle apparire inadeguata o incapace.

3.2.3 Assumere il merito del lavoro altrui: il molestatore si appropria dei successi o dei risultati ottenuti dalla vittima, negandole il riconoscimento e il merito che le spettano.

3.2.4 Attribuire responsabilità per errori non commessi: il molestatore incolpa la vittima per errori o problemi che non sono di sua responsabilità, cercando di danneggiare la sua reputazione e credibilità professionale.

Il sabotaggio dei risultati lavorativi può influire negativamente sulla reputazione della vittima e compromettere il suo progresso professionale.

3.3 Isolamento Sociale

Un'altra forma comune di mobbing è l'isolamento sociale, in cui il molestatore cerca di escludere la vittima dai rapporti e dalle interazioni sociali sul luogo di lavoro. Questo può manifestarsi attraverso:

3.3.1 Esclusione da attività di gruppo: il molestatore impedisce alla vittima di partecipare ad attività di gruppo o di progetti, isolandola dagli altri colleghi.

3.3.2 Ignorare o evitare la vittima: il molestatore ignora o evita attivamente la vittima, negando qualsiasi tipo di comunicazione o interazione.

3.3.3 Diffamazione e ostracismo: il molestatore diffonde voci o pettegolezzi sulla vittima, influenzando negativamente l'opinione degli altri colleghi nei suoi confronti e causando il suo isolamento sociale.

L'isolamento sociale può causare solitudine, depressione e un senso di alienazione nella vittima.

3.4 Altre Forme di Mobbing

Oltre alle tipologie sopra menzionate, il mobbing può assumere altre forme, tra cui:

3.4.1 Mobbing sessuale: il molestatore utilizza comportamenti sessuali indesiderati, commenti offensivi o avanzamenti inappropriati per intimidire o umiliare la vittima.

3.4.2 Mobbing razziale o culturale: il molestatore si rivolge alla vittima in base alla sua razza, etnia o origine culturale, utilizzando insulti o discriminazioni.

3.4.3 Mobbing virtuale: il molestatore utilizza le piattaforme di comunicazione digitale, come e-mail, chat o social media, per intimidire, minacciare o diffamare la vittima.

3.4.4 Mobbing organizzativo: il molestatore utilizza il potere e l'autorità all'interno dell'organizzazione per danneggiare la vittima attraverso decisioni discriminatorie, sovraccarichi di lavoro ingiusti o sistematica delegittimazione.

È importante comprendere che queste tipologie di mobbing

possono sovrapporsi e intersecarsi, creando un ambiente di lavoro tossico e dannoso per la vittima. Nel prossimo capitolo, esploreremo le strategie per affrontare il mobbing e proteggere i diritti delle vittime.

CAPITOLO 4: PSICOLOGIA DEL MOBBING

Esamineremo gli aspetti psicologici del mobbing, inclusi i motivi che spingono i molestatori, gli effetti sulle vittime e il ruolo dei testimoni.

Il mobbing è un fenomeno complesso che coinvolge vari aspetti psicologici sia per i molestatori che per le vittime coinvolte. In questo capitolo, esamineremo gli aspetti psicologici del mobbing, compresi i motivi che spingono i molestatori, gli effetti sulle vittime e il ruolo dei testimoni.

Comprendere la psicologia del mobbing è cruciale per sviluppare strategie di intervento efficaci e sostenere le vittime nel loro percorso di guarigione.

4.1 Motivazioni dei Molestatori

Per comprendere il mobbing, è importante esplorare le motivazioni che spingono i molestatori a comportarsi in modo aggressivo e offensivo verso le loro vittime. Le motivazioni possono variare da individuo a individuo, ma alcune ragioni comuni includono:

4.1.1 Sentimento di potere e controllo: i molestatori possono cercare di esercitare un senso di potere e controllo sulle loro vittime attraverso l'intimidazione e l'umiliazione.

4.1.2 Invidia e gelosia: i molestatori possono essere spinti da sentimenti di invidia o gelosia nei confronti della vittima, ad esempio a causa delle sue competenze o del suo successo.

4.1.3 Paura dell'autonomia o della concorrenza: i molestatori possono percepire la vittima come una minaccia per la propria posizione o percepita importanza all'interno dell'organizzazione.

4.1.4 Problemi personali non risolti: i molestatori possono proiettare le proprie frustrazioni e insicurezze sulla vittima, utilizzandola come sfogo per i propri problemi personali.

È importante sottolineare che le motivazioni dei molestatori possono essere complesse e non esauriscono l'intera gamma di possibilità. Ciononostante, queste motivazioni forniscono un'idea generale delle dinamiche che possono sottostare al mobbing.

4.2 Effetti sulle Vittime

Il mobbing ha effetti devastanti sulle vittime, che possono estendersi sia a livello psicologico che fisico. Gli effetti possono variare da persona a persona, ma alcuni comuni effetti sulle vittime includono:

4.2.1 Disturbi psicologici: le vittime possono sviluppare ansia, depressione, attacchi di panico, disturbi del sonno e problemi di autostima a causa del mobbing.

4.2.2 Problemi fisici: lo stress cronico derivante dal mobbing può portare a problemi di salute fisica, come mal di testa, disturbi gastrointestinali, aumento della pressione sanguigna e disturbi cardiaci.

4.2.3 Isolamento sociale: le vittime possono ritirarsi e isolarsi dagli altri a causa delle esperienze negative sul posto di lavoro, portando a una diminuzione delle relazioni sociali e del supporto.

4.2.4 Riduzione delle prestazioni lavorative: a causa dello stress e delle conseguenze psicologiche del mobbing, le vittime possono sperimentare una riduzione delle prestazioni lavorative e della produttività.

È importante sottolineare che gli effetti del mobbing possono essere duraturi e persistere anche dopo che la vittima ha lasciato l'ambiente di lavoro in cui si è verificato il mobbing.

4.3 Ruolo dei Testimoni

I testimoni del mobbing giocano un ruolo fondamentale nel contesto del fenomeno. Il loro comportamento e la loro reazione possono influenzare la dinamica del mobbing. I testimoni possono:

4.3.1 Essere coinvolti nel mobbing: alcuni testimoni possono diventare complici attivi o passivi del mobbing, partecipando attivamente o permettendo che si verifichi senza intervenire.

4.3.2 Essere neutrali o indifferenti: alcuni testimoni possono scegliere di rimanere neutrali, evitando di prendere posizione o di intervenire per paura delle conseguenze.

4.3.3 Essere alleati delle vittime: alcuni testimoni possono offrire supporto e solidarietà alle vittime, cercando di contrastare attivamente il mobbing.

I testimoni possono influenzare il clima sociale sul luogo di lavoro e determinare se il mobbing si diffonde o viene contrastato. La sensibilizzazione dei testimoni e la promozione di un ambiente di lavoro sano e rispettoso sono fondamentali per contrastare il mobbing.

Nel prossimo capitolo, esploreremo le strategie di intervento e sostegno per le vittime di mobbing e i passi da intraprendere per affrontare il fenomeno sul luogo di lavoro.

CAPITOLO 5: L'IMPATTO SULLE VITTIME

Questo capitolo approfondisce le conseguenze negative del mobbing sulla salute fisica e mentale delle vittime, nonché sugli aspetti professionali e personali delle loro vite.

Il mobbing, con le sue dinamiche perverse e la sua costante pressione psicologica, lascia un'impronta indelebile sulla vita delle vittime coinvolte. Esploriamo ora in modo più approfondito le conseguenze negative del mobbing e l'impatto che queste hanno sulla salute fisica e mentale delle vittime, nonché sugli aspetti professionali e personali delle loro vite.

Quando una persona è sottoposta al mobbing, le conseguenze sulla salute mentale possono essere estremamente gravi. L'ansia diventa un compagno costante, un senso di apprensione che si fa strada nel cuore di ogni giorno lavorativo. La vittima vive nell'incertezza, nel timore costante di incrociare il cammino del molestatore o subire nuove umiliazioni. La sensazione di impotenza e l'assenza di controllo sulla propria situazione alimentano un senso di disperazione che può sfociare nella depressione. La vittima si ritrova intrappolata in un circolo vizioso di tristezza e negatività, in cui ogni piccolo passo sembra un'impresa titanica.

Non solo la salute mentale è colpita dal mobbing, ma anche la salute fisica ne risente pesantemente. Lo stress costante e la tensione emotiva si manifestano attraverso sintomi fisici evidenti. Il mal di testa diventa un compagno di lotta quotidiano, un fastidio costante che impedisce alla vittima di concentrarsi sul lavoro. La tensione muscolare si insinua nelle spalle, nella schiena, nei muscoli del collo, trasformando ogni momento in una prova dolorosa. I disturbi gastrointestinali, come dolori allo stomaco, bruciore di stomaco e problemi digestivi, diventano frequenti compagni di viaggio, testimoni delle sofferenze interne causate dal mobbing. La pressione sanguigna può aumentare a causa dello stress cronico, aumentando il rischio di malattie cardiovascolari. La vittima si sente stremata, debilitata, con una costante sensazione di affaticamento che si insinua in ogni aspetto della sua vita.

Ma l'impatto del mobbing non si limita solo alla sfera personale della vittima. La carriera e gli aspetti professionali subiscono un grave colpo a causa delle conseguenze del mobbing. Lo stress e la pressione costante minano la produttività e le performance lavorative. La vittima si ritrova incapace di concentrarsi, prendere decisioni o svolgere compiti che una volta erano semplici. La motivazione e l'entusiasmo per il lavoro svaniscono, sostituiti da un senso di scoraggiamento e disillusione. Le opportunità di carriera possono essere compromesse, con una riduzione delle possibilità di promozione o di crescita professionale. La vittima si sente intrappolata in una situazione in cui il suo talento e le sue capacità non vengono riconosciuti e valorizzati.

Ma il mobbing va oltre l'ambito lavorativo, lasciando cicatrici profonde anche nella sfera personale delle vittime. L'isolamento sociale diventa una conseguenza inevitabile. Le relazioni personali vengono messe a dura prova, poiché la vittima si ritrova incapace di condividere le proprie esperienze o di fidarsi degli altri. L'amarezza e il senso di ingiustizia si insinuano nel cuore, e le vittime possono iniziare a isolarsi, cercando rifugio nella solitudine per sfuggire al dolore quotidiano. L'autostima e la fiducia in sé stessi subiscono un duro colpo. La vittima inizia a dubitare delle proprie capacità, a sentirsi inadeguata e indegna di successo. Il mobbing si insinua nella vita della vittima, influenzando negativamente la sua qualità di vita, privandola della gioia e del piacere di vivere.

È fondamentale riconoscere l'impatto devastante del mobbing sulle vittime e offrire loro il supporto necessario per superare le conseguenze psicologiche, fisiche e personali. Nel prossimo capitolo, esamineremo le strategie di coping e di recupero per le vittime di mobbing, offrendo un aiuto concreto per affrontare il dolore e costruire una nuova vita oltre il mobbing.

CAPITOLO 6: IL RUOLO DELLE ORGANIZZAZIONI

*Esploriamo come le organizzazioni
possono contribuire al mobbing,
sia attivamente che passivamente,
e come possono promuovere
un ambiente di lavoro sano
e prevenire il mobbing.*

Le organizzazioni svolgono un ruolo fondamentale nel determinare l'incidenza e la gestione del mobbing all'interno del contesto lavorativo. In questo capitolo, esploreremo come le organizzazioni possono influenzare il mobbing, sia in modo attivo che passivo, e analizzeremo le strategie per promuovere un ambiente di lavoro sano e prevenire il mobbing.

6.1 Contributi Attivi delle Organizzazioni al Mobbing

Le organizzazioni possono contribuire attivamente alla perpetuazione del mobbing attraverso una serie di comportamenti e politiche:

6.1.1 Cultura organizzativa tossica: una cultura organizzativa che favorisce la competizione e l'aggressività può alimentare il mobbing. La mancanza di rispetto e la scarsa considerazione per il benessere dei dipendenti creano un terreno fertile per comportamenti di mobbing.

6.1.2 Leadership inadeguata: una leadership inefficace o autoreferenziale può incoraggiare comportamenti di mobbing. Quando i leader mancano di empatia, non gestiscono in modo adeguato i conflitti o non intervengono per fermare il mobbing, i dipendenti possono sentirsi indifesi e vulnerabili.

6.1.3 Politiche e procedure inadeguate: l'assenza di politiche e procedure chiare per affrontare il mobbing può favorire l'impunità dei molestatori e ostacolare la protezione delle vittime. La mancanza di strumenti efficaci per segnalare e gestire il mobbing può creare un clima di silenzio e rassegnazione.

6.2 Contributi Passivi delle Organizzazioni al Mobbing

Oltre ai contributi attivi, le organizzazioni possono anche favorire il mobbing attraverso comportamenti o omissioni:

6.2.1 Ignorare segnali di mobbing: le organizzazioni possono trascurare o minimizzare i segnali di mobbing, ignorando le segnalazioni delle vittime o non fornendo un adeguato sostegno. Questo atteggiamento può lasciare le vittime senza difese e perpetuare il clima di mobbing.

6.2.2 Manca di formazione: l'assenza di programmi di formazione sulle dinamiche del mobbing e sulle competenze relazionali può lasciare i dipendenti impreparati nel riconoscere e affrontare il mobbing. La mancanza di consapevolezza può contribuire alla diffusione del fenomeno all'interno dell'organizzazione.

6.2.3 Assenza di canali di supporto: quando le organizzazioni non forniscono adeguati canali di supporto alle vittime di mobbing, come servizi di consulenza o gruppi di sostegno, possono lasciare le vittime senza una rete di protezione e senza strumenti per affrontare la situazione.

6.3 Promuovere un Ambiente di Lavoro Sano e Prevenire il Mobbing

Per contrastare il mobbing, le organizzazioni devono adottare misure preventive e promuovere un ambiente di lavoro sano. Alcune strategie chiave includono:

6.3.1 Cultura organizzativa basata sul rispetto: le organizzazioni dovrebbero promuovere una cultura del rispetto reciproco e dell'equità, dove i dipendenti si sentano valorizzati e ascoltati. La sensibilizzazione alla diversità e all'inclusione può contribuire a creare un clima di tolleranza e accettazione.

6.3.2 Leadership esemplare: i leader devono dare l'esempio attraverso comportamenti etici e rispettosi. Devono dimostrare empatia e saper gestire in modo efficace i conflitti, intervenendo prontamente per fermare il mobbing e proteggere le vittime.

6.3.3 Politiche e procedure anti-mobbing: le organizzazioni devono adottare politiche e procedure chiare per affrontare il mobbing, inclusi canali di segnalazione confidenziali e processi di indagine equi. Dovrebbero anche fornire supporto alle vittime e attuare misure disciplinari contro i molestatori.

6.3.4 Formazione e consapevolezza: le organizzazioni devono offrire programmi di formazione sulle dinamiche del mobbing e sulle competenze relazionali. La consapevolezza sul mobbing dovrebbe essere diffusa tra i dipendenti, promuovendo la creazione di un ambiente di lavoro rispettoso e sicuro.

6.3.5 Supporto alle vittime: le organizzazioni devono fornire adeguati servizi di supporto alle vittime di mobbing, come consulenza psicologica e gruppi di sostegno. Devono garantire che le vittime si sentano ascoltate, protette e supportate durante tutto il processo di gestione del mobbing.

Le organizzazioni hanno la responsabilità di creare e mantenere un ambiente di lavoro sano, in cui il mobbing non abbia spazio per proliferare. Solo attraverso un impegno collettivo per la prevenzione e la gestione del mobbing, sia a livello individuale che organizzativo, possiamo sperare di porre fine a questo fenomeno dannoso e proteggere la salute e il benessere dei dipendenti.

CAPITOLO 7:
PREVENZIONE
DEL MOBBING

*Questo capitolo presenta strategie
e misure preventive che le
organizzazioni possono adottare
per evitare il mobbing e creare
un clima di lavoro positivo.*

Nel capitolo precedente abbiamo esaminato il ruolo delle organizzazioni nel mobbing. Ora ci concentreremo sulle strategie e le misure preventive che le organizzazioni possono adottare per evitare il mobbing e creare un clima di lavoro positivo.

7.1 Promuovere una cultura del rispetto e dell'equità

La creazione di una cultura organizzativa basata sul rispetto reciproco e sull'equità è fondamentale per prevenire il mobbing. Le organizzazioni dovrebbero adottare i seguenti approcci:

Comunicazione aperta: promuovere la comunicazione aperta e trasparente tra i dipendenti, incoraggiando il confronto costruttivo e il dialogo onesto. Questo crea un ambiente in cui le preoccupazioni possono essere sollevate in modo tempestivo e risolte prima che si trasformino in situazioni di mobbing.

Sensibilizzazione alla diversità: incoraggiare la sensibilizzazione alla diversità e alla inclusione, rispettando e valorizzando le differenze tra i dipendenti. La promozione della diversità evita la discriminazione e contribuisce a creare un clima di rispetto e accettazione reciproca.

7.2 Formazione e sviluppo

La formazione continua e lo sviluppo dei dipendenti sono strumenti potenti per prevenire il mobbing. Le organizzazioni possono adottare le seguenti misure:

Programmi di formazione: offrire programmi di formazione sulle dinamiche del mobbing, sulla gestione dei conflitti e sulle competenze relazionali. Questi programmi dovrebbero includere la consapevolezza del mobbing, le strategie di comunicazione efficace e l'empatia.

Leadership efficace: fornire formazione specifica per i leader per sviluppare le competenze necessarie per gestire i conflitti in modo efficace, promuovere un ambiente di lavoro sano e riconoscere segnali precoci di mobbing. I leader devono essere modelli di comportamento positivo e sostenere una cultura di rispetto e collaborazione.

7.3 Politiche e procedure anti-mobbing

Le organizzazioni devono adottare politiche e procedure chiare per affrontare il mobbing. Alcune misure possono includere:

Politiche anti-mobbing: implementare politiche specifiche che vietano il mobbing sul luogo di lavoro e stabiliscono le conseguenze disciplinari per i responsabili. Queste politiche dovrebbero definire in modo chiaro cosa costituisce il mobbing e fornire canali di segnalazione confidenziali.

Processi di indagine equi: garantire che le segnalazioni di mobbing vengano affrontate in modo tempestivo ed equo, attraverso un processo di indagine imparziale. Ciò garantisce che le vittime si sentano ascoltate e che i molestatori siano soggetti a misure disciplinari appropriate.

7.4 Promuovere un clima di supporto

Le organizzazioni dovrebbero creare un clima di supporto in cui i dipendenti si sentano sicuri e protetti. Alcuni suggerimenti includono:

Canali di supporto: fornire canali di supporto adeguati alle vittime di mobbing, come consulenza psicologica, servizi di assistenza legale o gruppi di sostegno. Questi canali offrono alle vittime un ambiente sicuro in cui possono condividere le proprie esperienze e ricevere supporto.

Promuovere la segnalazione: incoraggiare attivamente i dipendenti a segnalare situazioni di mobbing senza timore di ritorsioni. Garantire che le segnalazioni siano prese sul serio e affrontate in modo riservato e tempestivo.

Coinvolgimento dei dipendenti: coinvolgere attivamente i dipendenti nella creazione di politiche e procedure anti-mobbing, incoraggiando la partecipazione e la condivisione di idee. Questo crea un senso di appartenenza e responsabilità collettiva per la prevenzione del mobbing.

Prevenire il mobbing richiede un impegno costante da parte delle organizzazioni. Solo attraverso l'adozione di politiche e procedure chiare, la formazione continua dei dipendenti e la promozione di un clima di rispetto e supporto, si può creare un ambiente di lavoro sano e prevenire il mobbing.

CAPITOLO 8: COME CONFRONTARE IL MOBBING

Offriremo consigli pratici su come affrontare il mobbing quando si è vittime, inclusi suggerimenti per la comunicazione assertiva e l'elaborazione emotiva.

Il mobbing può avere un impatto significativo sulla vita di una persona, ma è importante ricordare che le vittime non sono senza potere. In questo capitolo, forniremo consigli pratici su come affrontare il mobbing quando si è vittime. Esploreremo strategie di comunicazione assertiva, l'importanza dell'elaborazione emotiva e altre tattiche che possono aiutare a far fronte a questa difficile situazione.

8.1 Comunicazione assertiva

Una delle prime strategie da adottare quando si è vittime di mobbing è sviluppare una comunicazione assertiva. Questo significa esprimere i propri sentimenti, bisogni e preoccupazioni in modo chiaro, diretto e rispettoso. Ecco alcuni suggerimenti per migliorare la comunicazione assertiva:

Identifica i tuoi sentimenti: prima di affrontare la situazione di mobbing, prenditi del tempo per riflettere sui tuoi sentimenti e le tue emozioni. Riconoscere e comprendere le proprie reazioni emotive può aiutarti a comunicare in modo più efficace.

Scegli il momento e il luogo appropriati: quando decidi di affrontare il molestatore, cerca di scegliere un momento e un luogo in cui poter parlare senza interruzioni o distrazioni. Cerca di creare un ambiente sicuro e privato per la conversazione.

Utilizza l'"Io" assertivo: quando parli, fai affidamento sulla formulazione dell'"Io". Ad esempio, invece di dire "Tu mi fai sentire inutile", puoi affermare "Mi sento inutile quando vengono fatte osservazioni negative sul mio lavoro".

Esprimi i tuoi bisogni e richieste: fai chiaramente presente al molestatore quali sono i tuoi bisogni e le tue aspettative riguardo al loro comportamento. Ad esempio, puoi dire "Desidero che tu smetta di fare commenti denigratori sul mio lavoro. Ho bisogno di un ambiente di lavoro rispettoso".

Mantieni la calma: cerca di mantenere la calma e controllare le tue reazioni emotive durante la conversazione. Rispondere in modo rabbioso o aggressivo potrebbe acuire la situazione di mobbing. Respira profondamente e cerca di rimanere concentrato sul tuo messaggio.

8.2 Elaborazione emotiva

Affrontare il mobbing può essere un'esperienza emotivamente intensa. È importante dedicare del tempo all'elaborazione emotiva per preservare la propria salute mentale e psicologica. Ecco alcune strategie per elaborare le emozioni associate al mobbing:

Raggiungi un sostegno emotivo: cerca sostegno da amici fidati, familiari o colleghi di lavoro di cui ti fidi. Parlarne con qualcuno che ti ascolta e ti comprende può aiutarti a scaricare l'emozione e a ottenere una prospettiva esterna sulla situazione.

Considera il supporto professionale: in alcuni casi, potrebbe essere utile cercare l'aiuto di uno psicologo o di uno specialista che può offrire un supporto emotivo professionale. Questo può aiutarti a lavorare attraverso le tue emozioni e a sviluppare strategie di coping efficaci.

Pratica l'autocura: durante questo periodo difficile, è essenziale prendersi cura di sé stessi. Fai attività che ti piacciono, come fare esercizio fisico, leggere un libro o fare passeggiate nella natura. L'autocura ti aiuterà a mantenere un buon equilibrio emotivo e a riprendere il controllo sulla tua vita.

8.3 Raccogli prove e documentazione

Quando affronti il mobbing, è importante raccogliere prove e documentazione per supportare le tue affermazioni. Ecco alcuni suggerimenti per raccogliere prove valide:

Tieni un diario: annota gli episodi di mobbing che subisci, indicando la data, l'ora, i dettagli degli eventi e i nomi dei testimoni, se presenti. Questo ti fornirà una documentazione accurata degli incidenti.

Conserva le e-mail o le comunicazioni scritte: se hai ricevuto messaggi di mobbing via e-mail o altre forme di comunicazione scritte, salvali e stampali. Queste prove possono essere utilizzate per dimostrare l'esistenza di un comportamento di mobbing.

Raccogli testimoni: se possibile, identifica persone che possono testimoniare gli episodi di mobbing o che hanno assistito a situazioni di mobbing nei tuoi confronti. Chiedi loro se sono disposti a testimoniare a tuo favore, se necessario.

8.4 Esplora le opzioni di supporto legale

Se il mobbing persistesse nonostante i tuoi sforzi di confrontarlo, potresti voler esplorare le opzioni di supporto legale. Consultati con un avvocato specializzato in diritto del lavoro o diritto civile per valutare le possibilità di intraprendere azioni legali contro il molestatore o l'organizzazione. Un avvocato esperto potrà consigliarti sulle tue opzioni legali e guidarti nel processo.

Affrontare il mobbing richiede coraggio, resilienza e strategie efficaci. Utilizzando la comunicazione assertiva, dedicando tempo all'elaborazione emotiva, raccogliendo prove e, se necessario, cercando supporto legale, puoi cercare di far fronte alla situazione di mobbing e proteggere la tua dignità e il tuo benessere. Ricorda che non sei solo e che ci sono risorse disponibili per aiutarti lungo il percorso.

CAPITOLO 9: LA RETE DI SUPPORTO

Esploreremo l'importanza di una rete di supporto solida per le vittime di mobbing, fornendo consigli su come trovare sostegno e solidarietà.

Quando si è vittime di mobbing, avere una rete di supporto solida può fare la differenza tra sentirsi isolati e sopraffatti e trovare la forza e la solidarietà necessarie per affrontare la situazione. In questo capitolo, esploreremo l'importanza di una rete di supporto e offriremo consigli pratici su come trovare sostegno e solidarietà durante l'esperienza del mobbing.

9.1 L'importanza della rete di supporto

Affrontare il mobbing da soli può essere estremamente difficile. Una rete di supporto, composta da persone che ti ascoltano, ti comprendono e ti sostengono, può offrire un rifugio emotivo e pratico durante questa fase difficile. Ecco alcuni motivi per cui la rete di supporto è importante:

Sostegno emotivo: i membri della tua rete di supporto possono offrirti un ascolto empatico e comprensivo. Possono essere presenti per te, offrendoti uno spazio sicuro per esprimere i tuoi sentimenti e le tue preoccupazioni senza giudizio.

Prospettive esterne: la tua rete di supporto può offrirti prospettive esterne sulla situazione di mobbing. Possono fornirti un punto di vista obiettivo e aiutarti a vedere le cose da diverse angolazioni, offrendoti nuove idee e soluzioni.

Consigli pratici: i membri della tua rete di supporto possono condividere le loro esperienze e offrirti consigli pratici su come affrontare il mobbing. Possono suggerirti strategie di coping efficaci, fornirti risorse utili e aiutarti a sviluppare un piano d'azione.

Solidarietà: condividere le tue esperienze con altre persone che hanno affrontato o stanno affrontando situazioni simili di mobbing può essere estremamente rassicurante e incoraggiante. La solidarietà all'interno della tua rete di supporto può darti la sensazione di non essere solo e di avere alleati che comprendono appieno le tue sfide.

9.2 Trovare sostegno nella tua rete di supporto

È importante identificare e nutrire una rete di supporto che sia composta da persone fidate e di cui ti puoi fidare. Ecco alcune strategie per trovare sostegno nella tua rete di supporto:

Amici e familiari: parla con amici fidati e membri della famiglia di cui ti fidi. Esprimi i tuoi sentimenti e le tue preoccupazioni, chiedendo il loro supporto emotivo e il loro ascolto attento.

Colleghi di lavoro di fiducia: se avessi colleghi di lavoro di fiducia, potresti voler condividere la tua esperienza con loro. Tuttavia, assicurati che siano affidabili e non siano coinvolti nella situazione di mobbing. Cerca persone che ti sostengono e che hanno dimostrato di essere dalla tua parte.

Gruppi di sostegno: esplora la possibilità di partecipare a gruppi di sostegno per le vittime di mobbing. Questi gruppi possono offrire uno spazio sicuro per condividere le tue esperienze, ricevere sostegno reciproco e imparare da altre persone che stanno affrontando situazioni simili.

Professionisti del settore: se necessario, cerca il supporto di professionisti come psicologi, counselor o avvocati specializzati in diritto del lavoro. Questi professionisti possono offrirti supporto emotivo e consulenza legale, fornendoti strumenti e risorse per affrontare il mobbing.

9.3 Mantenere la tua rete di supporto

Una volta identificata la tua rete di supporto, è importante nutrirla e mantenerla nel tempo. Ecco alcuni suggerimenti per mantenere la tua rete di supporto:

Comunicazione aperta: mantieni una comunicazione aperta e onesta con i membri della tua rete di supporto. Condividi le tue esperienze, le tue vittorie e le tue sfide, e ascolta anche le loro esperienze. La comunicazione aperta rafforza la connessione e la fiducia reciproca.

Ricambiare il sostegno: cerca di essere un membro attivo della tua rete di supporto, offrendo sostegno e ascolto quando gli altri ne hanno bisogno. La reciproca condivisione del sostegno consolida il legame e crea una relazione di fiducia reciproca.

Cerca risorse condivise: condividi risorse utili, come articoli, libri o siti web, con i membri della tua rete di supporto. Questo può aiutare tutti a ottenere informazioni e strumenti utili per affrontare il mobbing in modo più efficace.

Trattare con cura e rispetto: assicurati di trattare i membri della tua rete di supporto con cura, rispetto e gratitudine. Apprezza il tempo, l'energia e l'affetto che dedicano a te e cerca di mostrare la tua gratitudine in modi significativi.

Una rete di supporto solida può offrirti conforto, incoraggiamento e risorse durante l'esperienza del mobbing. Cerca di identificare le persone fidate e le risorse disponibili nella tua vita e nutri quelle connessioni in modo da poter affrontare il mobbing con forza e resilienza. Ricorda che non sei solo e che c'è sempre qualcuno disposto ad ascoltarti e sostenerti lungo il percorso.

CAPITOLO 10: IL RUOLO DELLE RISORSE UMANE

Analizzeremo il ruolo delle risorse umane nella gestione del mobbing, compresa la creazione di politiche e procedure per affrontare efficacemente il problema.

Le risorse umane svolgono un ruolo fondamentale nella gestione del mobbing all'interno di un'organizzazione. In questo capitolo, esamineremo il ruolo delle risorse umane nella prevenzione e nell'affrontare il mobbing sul posto di lavoro, nonché l'importanza di creare politiche e procedure efficaci per affrontare questo problema.

10.1 Sensibilizzazione e formazione

Le risorse umane svolgono un ruolo cruciale nel sensibilizzare l'organizzazione sul problema del mobbing. Questo può includere la promozione di una cultura aziendale che valorizzi il rispetto e la dignità sul posto di lavoro. Le risorse umane possono organizzare sessioni di formazione e workshop per i dipendenti, al fine di fornire loro una comprensione approfondita del mobbing, dei suoi segnali e dei suoi effetti. Questa formazione può anche includere informazioni su come prevenire il mobbing e come reagire ad esso se si verifica.

10.2 Creazione di politiche e procedure contro il mobbing

Le risorse umane svolgono un ruolo chiave nella creazione di politiche e procedure per affrontare il mobbing. Queste politiche devono essere chiare, concise e ben comunicate a tutti i dipendenti.

Devono definire chiaramente cosa costituisce il mobbing e le conseguenze che ne derivano. Inoltre, dovrebbero includere procedure per segnalare e affrontare le situazioni di mobbing, compresi i canali di segnalazione confidenziali e protetti.

10.3 Indagini e gestione delle denunce

Quando viene segnalato un caso di mobbing, le risorse umane hanno la responsabilità di condurre indagini appropriate e imparziali. Questo implica ascoltare attentamente le vittime e raccogliere prove e testimonianze pertinenti. Le risorse umane devono garantire che le vittime siano trattate con rispetto e riservatezza durante il processo di indagine. Inoltre, devono adottare misure appropriate per proteggere le vittime da ritorsioni e assicurarsi che i responsabili siano disciplinati in modo adeguato.

10.4 Supporto alle vittime

Le risorse umane devono essere disponibili per offrire supporto alle vittime di mobbing. Ciò può includere fornire un ascolto attento e compassione, offrire consulenza e riferire le vittime a risorse esterne, come consulenti o professionisti del settore. Le risorse umane devono anche essere in grado di guidare le vittime attraverso le procedure interne dell'organizzazione e offrire loro un sostegno emotivo e pratico durante il processo.

10.5 Prevenzione del mobbing

Le risorse umane svolgono un ruolo cruciale nella prevenzione del mobbing. Oltre alla sensibilizzazione e alla formazione, devono promuovere un clima di lavoro positivo, basato sul rispetto, sulla collaborazione e sulla comunicazione aperta. Possono facilitare la creazione di programmi di benessere dei dipendenti, promuovere la diversità e l'inclusione e incoraggiare la segnalazione tempestiva di situazioni di mobbing. Inoltre, le risorse umane devono monitorare attentamente l'ambiente di lavoro per individuare segnali precoci di mobbing e adottare misure preventive appropriate.

Le risorse umane sono fondamentali nella gestione del mobbing all'interno di un'organizzazione. La loro sensibilizzazione, formazione, creazione di politiche efficaci, gestione delle denunce e supporto alle vittime possono contribuire a creare un ambiente di lavoro sicuro, rispettoso e libero dal mobbing.

CAPITOLO 11: L'INTERVENTO DEI COLLEGHI

Questo capitolo esplorerà il ruolo che i colleghi possono svolgere nel contrastare il mobbing, offrendo suggerimenti su come possono supportare le vittime e creare un ambiente di lavoro solidale.

I colleghi possono giocare un ruolo fondamentale nel contrastare il mobbing sul posto di lavoro. In questo capitolo, esploreremo il ruolo che i colleghi possono svolgere nel supportare le vittime e creare un ambiente di lavoro solidale. Offriremo suggerimenti pratici su come i colleghi possono intervenire in modo efficace e costruttivo.

11.1 Riconoscere i segnali del mobbing

Il primo passo per intervenire nel mobbing è riconoscere i segnali che qualcuno sta vivendo una situazione di molestia. I colleghi dovrebbero essere attenti a eventuali cambiamenti nel comportamento, nell'umore o nella performance lavorativa di un collega. Segnali come isolamento, ansia, depressione o frustrazione possono indicare che qualcuno sta subendo mobbing. È importante non ignorare questi segnali e prendere sul serio le preoccupazioni dei colleghi.

11.2 Mostrare empatia e supporto

Quando un collega si rivolge a te per chiedere aiuto o confidarsi riguardo al mobbing, è fondamentale mostrare empatia e sostegno. Ascolta attentamente le sue preoccupazioni senza giudicare e valida le sue esperienze. Fai sentire al tuo collega che sei lì per lui, offrendo il tuo supporto emotivo e facendogli capire che non è da solo in questa situazione difficile. La tua presenza e comprensione possono fare una grande differenza.

11.3 Offrire supporto pratico

Oltre al sostegno emotivo, i colleghi possono offrire supporto pratico alle vittime di mobbing. Ciò può includere la condivisione di risorse e informazioni utili, come consulenti o servizi di consulenza legale specializzati in mobbing. Puoi aiutare il tuo collega a documentare gli episodi di mobbing, fornire testimonianze e offrire suggerimenti su come affrontare la situazione in modo assertivo.

11.4 Creare un ambiente di lavoro solidale

I colleghi possono contribuire a creare un ambiente di lavoro solidale che promuova il rispetto e l'inclusione. Questo può essere fatto facendo sentire le vittime di mobbing accettate e supportate, incoraggiando la comunicazione aperta e il dialogo costruttivo. Evita di partecipare a chiacchiere o comportamenti negativi nei confronti delle vittime e diffondi un messaggio di tolleranza zero verso il mobbing. Puoi anche promuovere l'importanza del rispetto reciproco e dell'aiuto reciproco tra i colleghi.

11.5 Segnalare il mobbing

Se sei testimone di episodi di mobbing o sei consapevole di situazioni di mobbing all'interno dell'organizzazione, è importante segnalare tali comportamenti alle autorità competenti o alle risorse umane. La segnalazione del mobbing può contribuire a mettere fine alle situazioni abusive e proteggere le vittime. Assicurati di seguire le procedure stabilite dall'organizzazione per segnalare il mobbing in modo sicuro e confidenziale.

11.6 Educazione e sensibilizzazione

Oltre a intervenire direttamente, i colleghi possono contribuire all'educazione e alla sensibilizzazione sulla problematica del mobbing. Organizzare sessioni di formazione e workshop sul tema, condividere risorse informative e promuovere una cultura aziendale che promuova il rispetto e la dignità possono contribuire a creare un ambiente di lavoro consapevole e responsabile.

L'intervento dei colleghi può fare una differenza significativa nel contrastare il mobbing e nel supportare le vittime. Mostrando empatia, offrendo supporto pratico, creando un ambiente di lavoro solidale e segnalando il mobbing, i colleghi possono contribuire a creare un ambiente di lavoro più sano, rispettoso e privo di abusi.

CAPITOLO 12: STRATEGIE DI AUTOCONSERVAZIONE

Forniremo strategie pratiche per proteggersi durante il mobbing, inclusi modi per gestire lo stress, migliorare l'autostima e mantenere un equilibrio tra lavoro e vita personale.

Il mobbing può avere un impatto significativo sulla salute fisica e mentale delle vittime. In questo capitolo, forniremo strategie pratiche per proteggersi durante il mobbing e preservare il proprio benessere. Esploreremo modi per gestire lo stress, migliorare l'autostima e mantenere un equilibrio tra lavoro e vita personale.

12.1 Gestione dello stress

Durante il mobbing, lo stress può essere elevato. È importante imparare strategie efficaci per gestire lo stress in modo sano. Ciò può includere l'adozione di tecniche di rilassamento come la respirazione profonda, la meditazione o lo yoga. Trovare attività che favoriscono il benessere e la distrazione, come l'arte, il giardinaggio o lo sport, può aiutare a ridurre lo stress. Inoltre, cercare il supporto di amici fidati o di un consulente può fornire un'ulteriore fonte di sostegno emotivo.

12.2 Potenziare l'autostima

Il mobbing può minare l'autostima delle vittime. È importante concentrarsi sul potenziamento dell'autostima per contrastare gli effetti negativi del mobbing. Ciò può essere fatto identificando e valorizzando le proprie competenze e punti di forza. Imparare a riconoscere i propri successi, anche quelli più piccoli, può contribuire a migliorare l'autostima. Cerca anche di creare una visione positiva di te stesso e ricordati che il mobbing non è un riflesso della tua vera identità o del tuo valore come persona.

12.3 Mantenere un equilibrio tra lavoro e vita personale

Durante il mobbing, è essenziale preservare un equilibrio tra lavoro e vita personale. Dedica del tempo a te stesso e alle attività che ti danno piacere al di fuori dell'ambiente di lavoro. Stabilisci confini sani tra il lavoro e la vita personale, evitando di portare a casa lo stress e le preoccupazioni legate al mobbing. Coinvolgiti in attività sociali, coltiva hobby o interessi che ti piacciono e cerca di creare momenti di relax e distensione.

12.4 Sviluppare una rete di supporto

Avere una solida rete di supporto può essere estremamente benefico durante il mobbing. Cerca di connetterti con persone fidate, come amici, familiari o colleghi di fiducia, che possano offrirti sostegno emotivo e comprensione. Partecipare a gruppi di supporto o cercare l'aiuto di un consulente specializzato nel mobbing può fornirti un ambiente sicuro per esprimere le tue preoccupazioni e ottenere consigli pratici. Condividere le tue esperienze con altre vittime di mobbing può offrirti una prospettiva diversa e un senso di solidarietà.

12.5 Focalizzarsi sul futuro

Nonostante le difficoltà del mobbing, cerca di mantenere

uno sguardo rivolto al futuro. Imposta obiettivi personali e professionali che ti motivino e ti diano uno scopo. Questo può aiutarti a concentrarti su un futuro migliore e a superare gli ostacoli attuali. Sviluppa un piano d'azione per il tuo futuro e sfrutta ogni opportunità che si presenta per crescere e migliorare.

12.6 Cercare supporto legale

In situazioni gravi di mobbing, potrebbe essere necessario cercare supporto legale. Consulta un avvocato specializzato in diritto del lavoro o diritto del mobbing per comprendere i tuoi diritti e le opzioni legali disponibili. Un avvocato esperto può guidarti nel processo di presentazione di denunce o nel cercare un risarcimento per i danni subiti.

Ricorda che le strategie di autoconservazione possono essere personalizzate in base alle tue esigenze e alle circostanze specifiche. Scegli le strategie che ti sembrano più adatte e adattale alla tua situazione. Prenditi cura di te stesso e del tuo benessere durante il percorso di affrontare e superare il mobbing.

CAPITOLO 13: LA DOCUMENTAZIONE DEGLI EVENTI

Questo capitolo si concentrerà sull'importanza di documentare gli episodi di mobbing, illustrando come farlo in modo efficace per raccogliere prove utili in caso di necessità legale.

La documentazione degli episodi di mobbing è un aspetto fondamentale per le vittime che intendono affrontare la situazione in modo efficace e, se necessario, intraprendere azioni legali. In questo capitolo, ci concentreremo sull'importanza di documentare gli episodi di mobbing e illustreremo come farlo in modo efficace per raccogliere prove utili.

13.1 Perché documentare gli episodi di mobbing

La documentazione accurata degli episodi di mobbing è essenziale per diversi motivi. Innanzitutto, la documentazione fornisce una registrazione dettagliata degli eventi, consentendo di ricostruire gli incidenti in modo preciso e chiaro. Inoltre, la documentazione può servire come prova tangibile del mobbing, in caso di necessità legale o per informare le autorità competenti all'interno dell'organizzazione. Infine, tenere traccia degli episodi di mobbing può aiutare le vittime a ottenere un quadro completo della situazione e valutare la gravità del problema.

13.2 Cosa documentare

Quando si documentano gli episodi di mobbing, è importante registrare dettagli specifici che consentano di ricostruire l'evento in modo accurato. Alcuni elementi chiave da documentare includono:

Data, ora e luogo dell'incidente: Registra il momento e il luogo in cui si è verificato l'episodio di mobbing. Queste informazioni sono cruciali per creare una cronologia degli eventi.

Descrizione dettagliata dell'incidente: Descrivi l'incidente nel modo più accurato possibile. Include ciò che è stato detto o fatto, il tono di voce utilizzato e le reazioni delle persone coinvolte. Cerca di essere obiettivo e concentrati sui fatti.

Testimoni: Se ci sono stati testimoni dell'episodio di mobbing, registra i loro nomi e i loro recapiti. Le testimonianze di altre persone possono essere fondamentali per supportare le tue affermazioni.

Effetti sulle tue emozioni e sul tuo benessere: Documenta anche gli effetti che l'episodio di mobbing ha avuto su di te, sia a livello emotivo che fisico. Registrare il tuo stato d'animo, eventuali disturbi del sonno o del sistema digestivo, ansia o altri sintomi può aiutarti a dimostrare l'impatto negativo sulla tua salute.

Eventuali prove tangibili: Se disponi di prove tangibili dell'episodio di mobbing, come e-mail, messaggi di testo o registrazioni audio, assicurati di conservarle e di farne riferimento nella documentazione.

13.3 Come documentare gli episodi di mobbing

Per documentare gli episodi di mobbing in modo efficace, segui questi suggerimenti:

Registra le informazioni il più presto possibile dopo l'episodio, per evitare di dimenticare dettagli importanti.

Utilizza un quaderno o un documento elettronico dedicato

esclusivamente alla documentazione degli episodi di mobbing. Mantieni le informazioni organizzate e facilmente accessibili.

Sii accurato e obiettivo nella tua descrizione degli eventi. Evita di esprimere giudizi personali o di assumere conclusioni premature.

Annota eventuali azioni che hai intrapreso in risposta all'episodio di mobbing, come averlo segnalato al tuo superiore o aver cercato supporto dal dipartimento delle risorse umane.

Conserva eventuali prove tangibili in modo sicuro, facendo copie di backup se necessario.

Se possibile, cerca di ottenere conferme scritte degli eventi da parte dei testimoni o richiedi loro di scrivere una dichiarazione.

13.4 La riservatezza e la sicurezza delle prove

La documentazione degli episodi di mobbing può essere un argomento delicato e sensibile. Assicurati di conservare le tue registrazioni in un luogo sicuro e protetto, dove solo tu possa accedervi. Se stai utilizzando un documento elettronico, proteggilo con una password e utilizza misure di sicurezza per evitare l'accesso non autorizzato.

Inoltre, considera la riservatezza delle informazioni che stai raccogliendo. Se condividi la tua documentazione con un avvocato o con le autorità competenti all'interno dell'organizzazione, assicurati di farlo in modo confidenziale e sicuro.

13.5 La documentazione come strumento di supporto

La documentazione accurata e dettagliata degli episodi di mobbing può essere uno strumento di supporto potente per le vittime. Non solo fornisce una registrazione chiara degli eventi, ma può anche fornire la base per intraprendere azioni legali o per presentare reclami formali. Se decidi di utilizzare la documentazione per queste finalità, consulta un avvocato specializzato in diritto del lavoro per ottenere consulenza specifica e approfondita.

Ricorda che la documentazione degli episodi di mobbing è un passo importante per affrontare la situazione in modo efficace e per proteggere i tuoi diritti. Sii diligente e accurato nella raccolta delle prove, e non esitare a cercare supporto professionale se necessario.

CAPITOLO 14: LA GESTIONE DEI CONFLITTI

Esploreremo strategie di gestione dei conflitti che possono aiutare a risolvere situazioni di mobbing, inclusa la mediazione e la negoziazione.

La gestione dei conflitti è un aspetto cruciale nella risoluzione delle situazioni di mobbing. In questo capitolo, esploreremo diverse strategie di gestione dei conflitti che possono aiutare a risolvere i problemi legati al mobbing e a ripristinare un ambiente di lavoro sano e collaborativo.

14.1 Comprendere la natura del conflitto

Prima di affrontare un conflitto legato al mobbing, è importante capire appieno la sua natura e le parti coinvolte. Identifica le cause profonde del conflitto e cerca di comprendere le motivazioni di entrambe le parti. Questo può aiutare a creare una base per la risoluzione del problema.

14.2 La mediazione

La mediazione è un processo di gestione dei conflitti che coinvolge un mediatore neutrale. Il mediatore facilita il dialogo tra le parti coinvolte nel conflitto e le aiuta a raggiungere un accordo soddisfacente per entrambe. La mediazione può essere un'opzione utile nel contesto del mobbing, poiché offre uno spazio sicuro per esprimere i punti di vista e cercare soluzioni pacifiche.

Durante la mediazione, le parti coinvolte nel conflitto avranno l'opportunità di ascoltarsi reciprocamente e di esprimere le proprie preoccupazioni in modo costruttivo. Il mediatore aiuterà a identificare le problematiche chiave e a trovare un terreno comune su cui basare una risoluzione.

L'obiettivo della mediazione è di raggiungere un accordo che soddisfi le esigenze di entrambe le parti, promuovendo la collaborazione e la convivenza pacifica nel luogo di lavoro.

14.3 La negoziazione

La negoziazione è un'altra strategia di gestione dei conflitti che può essere utile nel contesto del mobbing. Consiste nel trovare un compromesso tra le parti coinvolte, in modo da raggiungere un accordo che soddisfi le esigenze di entrambe. La negoziazione richiede un dialogo aperto e sincero, in cui le parti cercano di trovare un terreno comune e cercano soluzioni alternative che possano risolvere il conflitto.

Durante la negoziazione, è importante rimanere flessibili e aperti alle diverse prospettive. Cerca di identificare gli interessi sottostanti di entrambe le parti e di trovare soluzioni creative che possano soddisfare tali interessi. La negoziazione richiede un impegno attivo da entrambe le parti per trovare un accordo che sia equo e accettabile per entrambe.

14.4 Coinvolgere le risorse umane

Nel contesto del mobbing, coinvolgere le risorse umane può essere un passo importante nella gestione del conflitto. Le risorse umane possono fornire supporto e assistenza nella risoluzione del conflitto, lavorando con le parti coinvolte per trovare soluzioni a lungo termine.

Le risorse umane possono svolgere un ruolo fondamentale nella promozione di un ambiente di lavoro sano e nella prevenzione del mobbing. Sono responsabili di sviluppare politiche e procedure aziendali che contrastino il mobbing e promuovano la risoluzione pacifica dei conflitti. Inoltre, possono fornire formazione e sensibilizzazione sul tema del mobbing, educando i dipendenti sulle conseguenze negative e sugli strumenti disponibili per affrontare il problema.

14.5 L'importanza della comunicazione

La comunicazione efficace è essenziale nella gestione dei conflitti legati al mobbing. Assicurati di comunicare apertamente e chiaramente con le parti coinvolte nel conflitto, ascoltando attivamente le loro preoccupazioni e cercando di comprendere le loro prospettive. Evita l'uso di linguaggio accusatorio o offensivo e cerca di creare un ambiente di dialogo rispettoso e costruttivo.

Durante la gestione dei conflitti, cerca di trovare soluzioni che rispettino i diritti e il benessere di tutte le parti coinvolte. Inoltre, è importante valutare l'efficacia delle strategie di gestione del conflitto nel tempo, monitorando il progresso e apportando eventuali aggiustamenti necessari.

La gestione dei conflitti nel contesto del mobbing richiede tempo, impegno e pazienza da parte di tutte le parti coinvolte. Tuttavia, attraverso una gestione adeguata, è possibile promuovere un ambiente di lavoro sano, rispettoso e privo di mobbing.

CAPITOLO 15: AFFRONTARE IL DOPO-MOBBING

Forniremo consigli su come affrontare il periodo successivo al mobbing, compresi il recupero emotivo, la ricostruzione della carriera e l'affrontare eventuali conseguenze legali.

Il periodo successivo al mobbing può essere estremamente difficile per le vittime, che spesso si trovano a fare i conti con le conseguenze emotive, professionali e legali dell'esperienza. In questo capitolo, offriremo consigli e strategie su come affrontare il dopo-mobbing e ricostruire una vita professionale e personale sana e appagante.

15.1 Recupero emotivo

Dopo aver vissuto un'esperienza di mobbing, è fondamentale dedicare tempo al recupero emotivo. Riconosci e accetta le tue emozioni, permettendoti di elaborare il trauma subito. Cerca sostegno da amici, familiari o professionisti qualificati, come psicologi o counselor, che possono aiutarti nel processo di guarigione emotiva.

Pratica l'autocura dedicandoti ad attività che ti portano gioia e benessere, come l'esercizio fisico, la meditazione, la lettura o il tempo trascorso nella natura. Sii gentile con te stesso e permettiti di elaborare il dolore e la rabbia che possono emergere dall'esperienza di mobbing.

15.2 Ricostruzione della carriera

Dopo aver affrontato il mobbing, potresti dover affrontare la sfida di ricostruire la tua carriera. Inizia esaminando le tue competenze e punti di forza, riflettendo su quali sono le tue passioni e interessi professionali. Potrebbe essere necessario aggiornare il tuo curriculum vitae e prepararti per nuove opportunità lavorative.

Prendi in considerazione la possibilità di acquisire nuove competenze o seguire corsi di formazione per migliorare le tue prospettive professionali. Sfrutta le reti di contatti, partecipa a eventi di settore e utilizza piattaforme online per cercare opportunità di lavoro.

Ricorda che ricostruire la carriera richiede tempo e pazienza. Sii aperto a nuove sfide e opportunità, e sfrutta l'esperienza acquisita durante l'episodio di mobbing per crescere come professionista e come persona.

15.3 Affrontare le conseguenze legali

Se l'esperienza di mobbing causasse danni significativi o violazioni dei tuoi diritti sul posto di lavoro, potresti voler esplorare le opzioni legali a tua disposizione. Consulta un avvocato specializzato in diritto del lavoro per valutare la fattibilità di un'azione legale e per guidarti attraverso il processo.

Raccogli tutte le prove rilevanti, inclusi documenti, e-mail, testimonianze di testimoni e registrazioni degli eventi, per sostenere il tuo caso. L'avvocato può aiutarti a valutare le possibili cause d'azione e guidarti attraverso il sistema legale.

Ricorda che il processo legale può essere impegnativo e richiedere tempo. Prenditi cura della tua salute mentale e fisica durante questo periodo e cerca sostegno da parte di professionisti qualificati per affrontare lo stress e le tensioni associate alla procedura legale.

15.4 Riprendere il controllo della propria vita

Dopo il mobbing, è importante riprendere il controllo della propria vita e non permettere che l'esperienza negativa influenzi negativamente la tua autostima e il tuo benessere generale. Fai del benessere personale una priorità, cercando attivamente di coltivare una mentalità positiva e una prospettiva ottimistica per il futuro.

Cerca il supporto di amici, familiari o gruppi di sostegno che possono comprendere e condividere le tue esperienze. Lavora sulla tua autostima, riconoscendo i tuoi successi e le tue qualità uniche. Cerca di riempire la tua vita con attività ed esperienze che ti portano gioia e soddisfazione.

Infine, ricorda che l'esperienza di mobbing non definisce la tua identità. Sei una persona resiliente e capace di superare gli ostacoli. Guarda avanti con fiducia e sii aperto alle nuove opportunità che la vita può offrirti.

Conclusioni

Il periodo successivo al mobbing è una fase cruciale nella vita delle vittime, in cui possono affrontare sfide emotive, professionali e legali. Attraverso il recupero emotivo, la ricostruzione della carriera, l'affrontare eventuali conseguenze legali e riprendere il controllo della propria vita, le vittime possono intraprendere un percorso di guarigione e crescita personale.

CAPITOLO 16: IL RUOLO DEGLI ESPERTI

Esamineremo il ruolo degli esperti, come consulenti e terapeuti, nel supportare le vittime di mobbing e promuovere il cambiamento organizzativo.

Il mobbing è un fenomeno complesso che richiede competenze specifiche per essere affrontato in modo efficace. In questo capitolo, esamineremo il ruolo degli esperti, come consulenti e terapeuti, nel supportare le vittime di mobbing e promuovere il cambiamento organizzativo.

16.1 Consulenti specializzati

Gli esperti nel campo del mobbing possono fornire consulenza e supporto alle vittime, aiutandole a comprendere l'esperienza che stanno affrontando e offrendo strategie pratiche per affrontare il problema. Questi consulenti specializzati possono condurre sessioni di counseling individuali o di gruppo, fornendo uno spazio sicuro per esplorare le emozioni e trovare modi per affrontare le situazioni di mobbing.

I consulenti possono anche svolgere un ruolo cruciale nella sensibilizzazione e nella formazione delle organizzazioni, educando i dipendenti sulle dinamiche del mobbing e sulle strategie per prevenirlo. Possono collaborare con i dipartimenti delle risorse umane per sviluppare politiche e procedure aziendali che contrastino il mobbing e promuovano un ambiente di lavoro sano.

16.2 Terapeuti specializzati

I terapeuti specializzati nel trattamento dei traumi possono essere di grande aiuto per le vittime di mobbing. Questi professionisti possono aiutare a elaborare l'esperienza traumatica e a gestire le conseguenze emotive che ne derivano, come ansia, depressione e disturbi post-traumatici da stress.

Attraverso varie modalità terapeutiche, come la terapia cognitivo-comportamentale, l'EMDR (Eye Movement Desensitization and Reprocessing) e la terapia del trauma, i terapeuti possono supportare le vittime nel processo di guarigione, aiutandole a sviluppare nuove abilità di coping e a ridurre i sintomi legati all'esperienza di mobbing.

16.3 Promozione del cambiamento organizzativo

Gli esperti nel campo del mobbing possono svolgere un ruolo cruciale nel promuovere il cambiamento organizzativo. Attraverso la consulenza alle organizzazioni, questi esperti possono aiutare a identificare e affrontare le cause profonde del mobbing, come la cultura aziendale tossica, la mancanza di comunicazione efficace o la scarsa gestione dei conflitti.

Lavorando a stretto contatto con i dirigenti e i dipartimenti delle risorse umane, gli esperti possono contribuire a sviluppare politiche e procedure chiare per affrontare il mobbing e promuovere un ambiente di lavoro rispettoso. Possono facilitare la formazione del personale aziendale, aumentando la consapevolezza sulle dinamiche del mobbing e fornendo strumenti per prevenirlo.

Gli esperti possono anche essere coinvolti nella valutazione e nel monitoraggio dell'efficacia delle misure adottate per contrastare il mobbing, adattando le strategie in base alle esigenze e al contesto specifico dell'organizzazione.

Conclusioni

Gli esperti nel campo del mobbing, come consulenti e terapeuti specializzati, svolgono un ruolo fondamentale nel supportare le vittime e promuovere il cambiamento organizzativo. Attraverso la consulenza, la terapia e la promozione di politiche e procedure aziendali efficaci possono contribuire a creare un ambiente di lavoro sano, in cui il mobbing è contrastato e le persone sono trattate con rispetto e dignità.

CAPITOLO 17: MOBBING E LEGGE

Questo capitolo esplorerà le implicazioni legali del mobbing, compresi i diritti dei lavoratori, le normative esistenti e le possibili azioni legali per contrastare il mobbing.

Il mobbing non solo ha un impatto significativo sulla vita delle vittime, ma può anche avere implicazioni legali per gli aggressori e le organizzazioni coinvolte. In questo capitolo, esploreremo le implicazioni legali del mobbing, compresi i diritti dei lavoratori, le normative esistenti e le possibili azioni legali per contrastare il mobbing.

17.1 Diritti dei lavoratori

I lavoratori hanno diritti fondamentali che devono essere rispettati, indipendentemente dal contesto lavorativo. Questi diritti includono il diritto alla dignità, all'integrità personale e alla protezione dalla violenza e dalle molestie sul luogo di lavoro. Quando questi diritti vengono violati a causa del mobbing, le vittime possono intraprendere azioni legali per difendere i loro interessi.

17.2 Normative esistenti

In molti paesi, esistono normative specifiche che affrontano il problema del mobbing sul luogo di lavoro. Queste normative variano da paese a paese, ma spesso definiscono il mobbing come un comportamento ripetuto e intenzionale volto a danneggiare, umiliare o isolare una persona. Tali leggi stabiliscono i diritti dei lavoratori e impongono obblighi alle organizzazioni per prevenire e affrontare il mobbing.

È importante che le vittime di mobbing si informino sulle normative esistenti nel loro paese e comprendano i loro diritti e le possibili azioni legali a loro disposizione.

17.3 Azioni legali per contrastare il mobbing

Le vittime di mobbing possono intraprendere diverse azioni legali per contrastare il fenomeno e ottenere giustizia. Alcune delle azioni legali più comuni includono:

Denuncia formale: le vittime possono presentare una denuncia formale presso il dipartimento delle risorse umane o l'ufficio del lavoro competente. Questo può innescare un'indagine interna e portare a sanzioni disciplinari per gli aggressori.

Azioni legali civili: le vittime possono intraprendere azioni legali civili contro gli aggressori e le organizzazioni coinvolte. Queste azioni possono richiedere un risarcimento per i danni subiti, sia di natura economica che emotiva.

Segnalazione alle autorità competenti: in casi gravi di mobbing, in cui sono state commesse violazioni delle leggi, le vittime possono decidere di segnalare il caso alle autorità competenti, come la polizia o i servizi di lavoro. Ciò può portare a un'indagine penale e a possibili azioni legali contro gli aggressori.

È importante sottolineare che le azioni legali possono variare a seconda delle normative del paese e dei casi specifici. Pertanto, le vittime di mobbing dovrebbero consultare un avvocato specializzato nel campo del lavoro o dei diritti civili per ottenere consulenza legale specifica al loro caso.

Conclusioni

Il mobbing ha implicazioni legali che possono offrire un supporto alle vittime e promuovere la responsabilità delle organizzazioni e degli aggressori. Comprendere i diritti dei lavoratori, le normative esistenti e le azioni legali disponibili è fondamentale per contrastare il mobbing e perseguire la giustizia. Tuttavia, è sempre consigliabile cercare il sostegno di un professionista legale competente per valutare il proprio caso e intraprendere le azioni legali appropriate.

CAPITOLO 18: L'IMPORTANZA DELLA CONSAPEVOLEZZA

Discuteremo l'importanza di sensibilizzare l'opinione pubblica sul fenomeno del mobbing e promuovere una cultura del rispetto e dell'uguaglianza sul luogo di lavoro.

L'argomento del mobbing richiede una profonda consapevolezza pubblica affinché sia affrontato in modo efficace. In questo capitolo, esploreremo l'importanza di sensibilizzare l'opinione pubblica sul fenomeno del mobbing e promuovere una cultura del rispetto e dell'uguaglianza sul luogo di lavoro.

18.1 Comprendere il fenomeno del mobbing

Prima di poter affrontare il mobbing, è essenziale che l'opinione pubblica comprenda appieno la sua portata e le sue conseguenze. Sensibilizzare le persone sulle diverse forme di mobbing, come l'aggressione verbale, il sabotaggio dei risultati lavorativi e l'isolamento sociale, aiuta a creare una consapevolezza sulle dinamiche che possono verificarsi sul luogo di lavoro. Questa comprensione è fondamentale per riconoscere e affrontare il mobbing in modo tempestivo ed efficace.

18.2 Promuovere una cultura del rispetto e dell'uguaglianza

La sensibilizzazione sul mobbing va di pari passo con la promozione di una cultura del rispetto e dell'uguaglianza sul luogo di lavoro. Questo significa creare un ambiente in cui ogni individuo sia trattato con dignità, indipendentemente dalla loro posizione o ruolo. Promuovere l'uguaglianza di genere, l'inclusione di tutte le identità culturali e la tolleranza zero per le molestie sono elementi chiave per creare un ambiente di lavoro sano e privo di mobbing.

18.3 Ruolo dei media e delle campagne di sensibilizzazione

I media svolgono un ruolo cruciale nella sensibilizzazione sul mobbing. Le storie di vittime di mobbing e le informazioni su come affrontare il problema possono essere condivise attraverso giornali, riviste, programmi televisivi e social media. Inoltre, le campagne di sensibilizzazione possono essere organizzate per educare il pubblico sulle conseguenze del mobbing e promuovere una cultura del rispetto sul luogo di lavoro.

18.4 Formazione e educazione sul mobbing

La formazione e l'educazione sul mobbing sono strumenti potenti per aumentare la consapevolezza e prevenire il fenomeno. Le organizzazioni possono offrire programmi di formazione che informano i dipendenti sui segnali premonitori del mobbing, i modi per contrastarlo e le risorse disponibili per le vittime. Inoltre, le scuole e le istituzioni educative possono integrare l'educazione sul mobbing nei loro curricoli, in modo che gli studenti sviluppino una consapevolezza fin da giovani e acquisiscano le competenze necessarie per creare ambienti di lavoro sani e inclusivi.

18.5 Coinvolgimento delle organizzazioni e delle istituzioni

Le organizzazioni e le istituzioni hanno un ruolo importante nel promuovere la consapevolezza sul mobbing. Possono adottare politiche aziendali che condannano il mobbing e stabiliscono procedure chiare per affrontarlo. Inoltre, possono collaborare con enti esterni, come associazioni o organismi governativi, per promuovere la sensibilizzazione sul mobbing e condividere le migliori pratiche per prevenirlo e affrontarlo.

Conclusioni

La sensibilizzazione sull'argomento del mobbing è fondamentale per creare un cambiamento significativo sul posto di lavoro. Promuovere una cultura del rispetto e dell'uguaglianza, coinvolgere i media, organizzare campagne di sensibilizzazione e fornire formazione ed educazione sono tutti strumenti efficaci per contrastare il mobbing e creare ambienti di lavoro più sani e inclusivi.

Sviluppare una consapevolezza diffusa sul mobbing è un passo importante verso la costruzione di un mondo lavorativo in cui ogni individuo sia rispettato, valorizzato e protetto.

CAPITOLO 19:
VERSO UN FUTURO
SENZA MOBBING

*Concluderemo il libro riflettendo
sulle prospettive future per
contrastare il mobbing, esplorando
iniziative, programmi e cambiamenti
che possono portare a un ambiente
di lavoro più sano e inclusivo.*

Nel capitolo finale del nostro libro, ci concentreremo sulle prospettive future per contrastare il mobbing e creare un ambiente di lavoro più sano, inclusivo e privo di violenze. Esploreremo iniziative, programmi e cambiamenti che possono contribuire a raggiungere questo obiettivo.

19.1 L'importanza della responsabilità collettiva

Affrontare il mobbing richiede un impegno collettivo da parte di tutti gli attori coinvolti: dipendenti, datori di lavoro, organizzazioni, istituzioni e società nel suo complesso. Ognuno ha un ruolo da svolgere nella promozione di un ambiente di lavoro rispettoso e sicuro. La responsabilità collettiva implica assumere la responsabilità delle proprie azioni, intervenire in caso di mobbing e sostenere le vittime.

19.2 Iniziative e programmi di prevenzione

Per creare un futuro senza mobbing, è fondamentale investire in iniziative e programmi di prevenzione. Questi possono includere la formazione del personale sui segnali premonitori del mobbing, la promozione di una cultura del rispetto e dell'uguaglianza, la sensibilizzazione sulle conseguenze negative del mobbing e l'implementazione di politiche aziendali chiare che condannano il comportamento intimidatorio.

19.3 Creazione di ambienti di lavoro inclusivi

Un ambiente di lavoro inclusivo è un elemento cruciale per contrastare il mobbing. Ciò implica promuovere la diversità, l'equità e l'inclusione in tutte le sfere del lavoro. Dovrebbero essere create opportunità uguali per tutti i dipendenti, indipendentemente da caratteristiche come l'etnia, il genere, l'orientamento sessuale o la disabilità. Inoltre, è necessario creare un clima di lavoro in cui tutti si sentano accolti, rispettati e valorizzati.

19.4 Supporto alle vittime e riparazione

Un futuro senza mobbing richiede anche un sostegno adeguato alle vittime e un sistema di riparazione efficace. Le vittime devono essere ascoltate, credute e sostenute nel loro percorso di recupero. Le organizzazioni devono mettere a disposizione risorse e servizi per aiutare le vittime a superare gli effetti del mobbing e ricostruire la propria vita professionale e personale.

19.5 Ricerca e sviluppo

La ricerca continua sul mobbing è essenziale per comprendere meglio il fenomeno e sviluppare strategie di prevenzione e intervento più efficaci. Investire in ricerca e sviluppo ci permetterà di acquisire una conoscenza più approfondita delle dinamiche del mobbing e trovare soluzioni innovative per contrastarlo.

Conclusioni

Verso un futuro senza mobbing, dobbiamo impegnarci a creare

ambienti di lavoro più sani, inclusivi e rispettosi. Questo richiede un impegno collettivo, iniziative di prevenzione, ambienti di lavoro
inclusivi, sostegno alle vittime e ricerca continua. Speriamo che questo libro abbia fornito una comprensione approfondita del mobbing e offerto strumenti pratici per riconoscerlo, affrontarlo e prevenirlo. Ogni individuo ha il potere di fare la differenza e contribuire a costruire un futuro in cui il mobbing sia solo un ricordo del passato.

EPILOGO

Mentre mi avvicino alla fine di questo viaggio attraverso il mondo del mobbing, mi sento complessivamente ottimista. Ho dedicato molte pagine a esplorare i vari aspetti di questa dolorosa realtà, cercando di offrire conoscenze, strumenti e speranza a coloro che hanno affrontato il mobbing e a quelli che lottano per prevenirlo. Ora è giunto il momento di concludere questo libro, ma il messaggio che voglio lasciarvi è che la lotta contro il mobbing non si ferma qui.

Abbiamo affrontato il mobbing da diverse prospettive: abbiamo esaminato le sue radici psicologiche, analizzato le tipologie e i segnali premonitori, esplorato le conseguenze sulle vittime e sulle organizzazioni, e fornito strategie per affrontare e prevenire il fenomeno. Abbiamo compreso l'importanza della rete di supporto, delle risorse umane, dei colleghi e degli esperti nel contrastare il mobbing e promuovere un cambiamento reale.

Ma il lavoro non è finito. Il mobbing continua ad essere un problema diffuso in molti ambienti di lavoro, lasciando cicatrici profonde nella vita delle persone. Non possiamo restare indifferenti. Dobbiamo impegnarci a fare la nostra parte per creare un futuro senza mobbing, in cui ogni individuo possa lavorare in un ambiente sicuro, rispettoso e inclusivo.

Invito tutti i lettori a prendere sul serio il compito di sensibilizzare l'opinione pubblica sul tema del mobbing. Parlate di questo libro, condividete le vostre esperienze, supportate le vittime e promuovete un dialogo aperto e onesto sulle dinamiche di potere e abuso sul lavoro. Siate l'agente del cambiamento nella vostra vita e nella vostra comunità.

Il mobbing non può essere sconfitto da una sola persona, ma insieme possiamo fare la differenza. Ciascuno di noi può contribuire, anche attraverso piccoli gesti di gentilezza, rispetto e sostegno verso i colleghi. Promuoviamo una cultura del rispetto e dell'uguaglianza, dove la diversità sia valorizzata e ogni voce sia ascoltata.

Ricordate, le vittime di mobbing non sono sole. Ci sono organizzazioni, gruppi di sostegno e professionisti pronti ad offrire aiuto e supporto. Non abbiate paura di chiedere aiuto o di tendere la mano a chi ne ha bisogno. Insieme possiamo costruire una rete di solidarietà che supera le frontiere e che sostiene chi ha bisogno di un aiuto.

Infine, voglio ringraziare ogni lettore che ha dedicato tempo ed energia a leggere questo libro. Spero sinceramente che sia stato un percorso illuminante, che abbia fornito risposte alle vostre domande e ispirazione per agire. Siate agenti di cambiamento, difensori della giustizia e promotori di un ambiente di lavoro sano per tutti.

La strada verso un futuro senza mobbing potrebbe essere lunga, ma è una strada che vale la pena percorrere. Vi auguro ogni successo nella vostra personale e collettiva lotta contro il mobbing. Ricordate sempre che insieme possiamo fare la differenza.

Grazie e che la speranza, la resilienza e la compassione ci guidino lungo questo cammino.

Jolanda Lori

POSTFAZIONE

Mentre scrivo queste parole, mi riempie un profondo senso di gratitudine e soddisfazione per aver portato a termine questo progetto. Il libro "Mobbing Devastante: Combattere l'abuso sul lavoro e ricostruire la propria vita" è il risultato di mesi di ricerca, riflessione e impegno per affrontare un tema così complesso e doloroso.

Durante il mio percorso di scrittura, ho avuto l'opportunità di conoscere molte persone coraggiose e determinate che hanno condiviso le loro esperienze di mobbing con me. Sono state storie di sofferenza, ma anche di resilienza, di speranza e di forza interiore. Ogni testimonianza mi ha toccato profondamente e mi ha motivato a continuare la mia missione di far luce su questo fenomeno e offrire supporto a coloro che ne sono vittime.

La lotta contro il mobbing non è mai semplice. È un percorso pieno di sfide, di ostacoli e di momenti di sconforto. Ma è anche un percorso che può portare a una crescita personale straordinaria, a una maggiore consapevolezza e a un cambiamento profondo nella società. Ogni voce che si alza per denunciare il mobbing contribuisce a creare un mondo migliore, in cui il rispetto e l'uguaglianza sono valori fondamentali.

Spero che questo libro abbia offerto alle vittime di mobbing un senso di riconoscimento, di sostegno e di speranza. Siate forti e fiduciosi nel vostro percorso di guarigione e di ricostruzione. Ricordate che non siete soli e che ci sono risorse e persone pronte ad aiutarvi lungo il cammino.

Allo stesso tempo, spero che questo libro abbia aperto gli occhi di coloro che non hanno mai vissuto direttamente il mobbing, ma che possono influire sul clima lavorativo e sulla cultura organizzativa. Siate consapevoli del potere delle vostre parole e delle vostre azioni. Ciascuno di noi ha la responsabilità di creare un ambiente di lavoro sicuro, rispettoso e inclusivo.

Voglio ringraziare tutti coloro che mi hanno sostenuto in questo viaggio. Alla mia famiglia e ai miei amici, grazie per il vostro amore, il vostro sostegno e la vostra comprensione durante i momenti di intensa dedizione alla scrittura. Ai lettori, grazie per aver scelto di dedicare il vostro tempo a leggere queste pagine. Spero che il libro abbia risposto alle vostre domande e offerto spunti di riflessione e ispirazione.

Desidero anche esprimere la mia gratitudine agli esperti, agli operatori del settore e a tutte le organizzazioni che lavorano instancabilmente per prevenire il mobbing e supportare le vittime. Il vostro impegno è inestimabile e il vostro contributo è fondamentale per creare un cambiamento duraturo.

Infine, vorrei rivolgere un appello a tutti i lettori. Non fermatevi qui. Continuate a informarvi, a sensibilizzare, a sostenere le vittime e a promuovere un ambiente di lavoro sano e inclusivo. Ogni piccolo passo conta e insieme possiamo fare una differenza reale.

Vi auguro tutto il meglio nel vostro percorso di comprensione, guarigione e trasformazione. Che questo libro sia solo l'inizio di un viaggio di cambiamento e speranza.

Con gratitudine,

Jolanda Lori

RINGRAZIAMENTO

Desidero dedicare un momento per esprimere la mia profonda gratitudine a tutti voi, lettori, che avete scelto di dedicare il vostro tempo e la vostra attenzione a leggere il libro "Mobbing Devastante: Combattere l'abuso sul lavoro e ricostruire la propria vita". Siete la ragione per cui ho intrapreso questo viaggio di scrittura, e senza di voi, il mio messaggio non avrebbe potuto raggiungere le persone che hanno bisogno di supporto e di informazioni sul tema del mobbing.

Innanzitutto, voglio ringraziarvi per la vostra fiducia. Siete stati disposti a intraprendere questo viaggio con me, a esplorare un tema complesso e spesso doloroso. La vostra apertura mentale e il vostro interesse verso il tema del mobbing sono testimonianza della vostra sensibilità e del desiderio di fare la differenza nel mondo.

Ringrazio anche coloro che hanno condiviso le loro storie personali di mobbing con me. Le vostre testimonianze hanno arricchito questo libro, conferendo una dimensione autentica e umana alle pagine che avete letto. La vostra coraggiosezza nel raccontare le vostre esperienze è stata fonte di ispirazione per me e per tutti coloro che leggeranno il libro. Spero che troviate conforto nel sapere che non siete soli e che il vostro coraggio possa essere una luce per altri che si trovano nella stessa situazione.

Un ringraziamento speciale va a coloro che hanno contribuito con la loro esperienza e le loro conoscenze nel campo del mobbing. Gli esperti, gli operatori del settore e i professionisti che lavorano ogni giorno per prevenire e contrastare il mobbing sono veri eroi nella nostra società. Senza la loro dedizione e competenza, questo libro non avrebbe potuto offrire informazioni accurate e approfondite sul tema. Grazie per il vostro impegno nel migliorare la vita di coloro che sono stati colpiti dal mobbing.

Vorrei inoltre esprimere la mia gratitudine alla mia famiglia e ai miei amici. Grazie per il vostro sostegno costante, la vostra pazienza e la vostra comprensione durante il periodo di scrittura del libro. Siete stati la mia fonte di ispirazione e il mio porto sicuro in ogni fase del processo. Senza di voi, non avrei potuto realizzare questo progetto. Siete il mio tesoro più prezioso.

Infine, voglio ringraziare il team editoriale, i revisori e tutti coloro che hanno contribuito alla realizzazione di questo libro. Il vostro impegno, la vostra professionalità e la vostra dedizione hanno reso possibile trasformare un'idea in una realtà concreta. Grazie per aver creduto in me e nel potenziale di questo libro.

Ai lettori, vorrei dire che il vostro supporto non finisce qui. Ora che avete letto il libro, vi invito a condividere le vostre impressioni, le vostre riflessioni e il vostro apprendimento con gli altri. Parlate del libro con amici, colleghi e familiari. Sostenete coloro che sono stati colpiti dal mobbing e diffondete la consapevolezza su questo problema diffuso. Insieme possiamo creare un cambiamento positivo e costruire un mondo in cui il mobbing non abbia più spazio.

Grazie ancora per il vostro sostegno e per aver scelto di leggere "Mobbing Devastante: Combattere l'abuso sul lavoro e ricostruire la propria vita". Spero che questo libro possa essere un faro di speranza, un'arma contro l'ignoranza e una guida per tutti coloro che cercano di superare le sfide del mobbing.

Con profonda gratitudine,

Jolanda Lori

INFORMAZIONI
SULL'AUTORE

Jolanda Lori

Jolanda Lori è una scrittrice e psicologa clinica italiana, nota per il suo lavoro sul tema del ghosting nelle relazioni interpersonali. Nata a Roma, ha conseguito la laurea in psicologia presso l'Università degli Studi di Roma "La Sapienza" e successivamente un dottorato di ricerca presso l'Università di Padova, specializzandosi in psicologia clinica e psicoterapia.

Dopo aver lavorato come psicologa clinica in varie strutture pubbliche e private, ha deciso di concentrarsi sulla scrittura e sulla divulgazione della sua esperienza professionale attraverso libri e articoli. Il suo lavoro si concentra principalmente sul tema del ghosting nelle relazioni interpersonali, con l'obiettivo di aiutare le persone a comprendere, prevenire e superare il dolore emotivo associato a questo fenomeno.

Il suo primo libro, "Il Silenzio Spezzato: Affrontare il Ghosting e Riprendersi la Propria Vita", è stato accolto positivamente dalla critica e dal pubblico, ottenendo numerosi riconoscimenti e premi. Il libro è stato tradotto in diverse lingue ed è stato un bestseller in Italia e all'estero.

Oltre alla sua attività di scrittrice, Jolanda Lori è anche una relatrice e una formatrice, che tiene corsi e seminari su vari temi legati alla psicologia e al benessere mentale. Ha inoltre collaborato con varie testate giornalistiche italiane e straniere, scrivendo articoli e commentando temi di attualità legati alla psicologia e alla società.

Jolanda Lori è impegnata anche in attività di volontariato e di solidarietà, sostenendo associazioni e iniziative a favore dei più deboli e dei più bisognosi. La sua passione per la psicologia e per la scrittura, unita alla sua sensibilità sociale e alla sua attenzione per il benessere mentale delle persone, la rendono una figura di riferimento nel panorama culturale italiano e internazionale.